당신, 발음 괜찮은데요?

당신, 발음 괜찮은데요?

김영진 지음

예미

Contents

들어가며 • 10

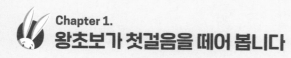

Chapter 1.
왕초보가 첫걸음을 떼어 봅니다

01 발음 기호부터 외워야 할까요?   17

02 배운 게 배운 게 아닐 때   19

03 현실적인 발음 공부의 목표 세우기   23

04 조선시대부터 계속 고민합니다, 발음 표기법   26

05 발음에 다시 도전하고 싶다면   32

Chapter 2.
그럼 한 번 스마트폰을 꺼내 볼까요?

01 내 폰 안에 외국인 있다   39

02 시리 선생님이 필요한 이유   44

03 시리 선생님, 어디 계세요? 첫 설정하기   47

04 똑똑똑, 카카오톡 선생님 계세요?   50

부록 1 헤이 구글! 구글 어시스턴트 설정하기   53

부록 2 헤이 빅스비! 빅스비 설정하기   58

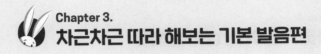

Chapter 3.
차근차근 따라 해보는 기본 발음편

프롤로그   65

01 TH 발음 ❶: Therapy   67

02 TH 발음 ❷: Breathe   70

03 O 발음: Stop!   72

04 EI 발음: Five, Six, Seven, Eight!   75

05 헷갈려요 ❶: Corps vs. Corpse   77

06 헷갈려요 ❷: Pence vs. Fence   79

07 S 발음: 슈퍼슈프림 피자?!   82

08 TT 발음: Matter, Butter, Better   84

부록 1   묵음(Silent Syllable) 알아보기   86

부록 2   음절이란?   90

부록 3   과거형을 제대로 발음해보자   98

Chapter 4.
까다롭지 않아요, 심화 발음편

01 L 발음 ❶: 크로바 vs. 클로버 105

02 L 발음 ❷: www.발음.com 108

03 헷갈려요 ❶: Tim vs. Team 110

04 헷갈려요 ❷: Sixteen vs. Sixty 112

05 아이티(Haiti)를 발음해보자 114

06 마운틴 듀(Mountain Dew)를 발음해보자 117

07 AU 발음: Because 119

08 AL 발음: Medical 121

09 G 와 Z를 구분하는 법 ❶ 123

10 G 와 Z를 구분하는 법 ❷ 126

11 이런 것도 Z발음?: Husband 128

부록 1 강세(Stress)가 옮겨 다닌다? 131

부록 2 외국인 이름 읽기: 톰과 제인, 그리고 베토벤 135

Chapter 5.
영어로 질문을 던져볼까요?

01 오늘 날씨는 어때?   145

02 밖에 비 와?   146

03 나 8시에 깨워 줄래?   147

04 저녁 8시 알람 맞춰줘.   148

05 지금 몇 시야?   149

06 랍한테 페이스타임 걸자.   150

07 밖에 얼마나 습해?   151

08 내일 눈 온대?   152

09 트위터 앱 켜줘.   153

10 네이버 앱으로 돌아가자.   154

11 셀카로 찍은 사진 보여줘.   155

12 클래식 음악 좀 틀어봐.   156

13 리하나 노래 좀 틀어줄래?   157

14 알람 꺼줘.   158

15 환율이 얼마야?   159

16 35 더하기 25 얼마야?   160

17 100만 원의 2.5%면 얼마야?   162

18 올해 구정은 언제야?   163

19 다음 올림픽은 언제야?   164

20 크리스마스까지 며칠 남았어?   165

21 '사회주의'의 정의가 뭐야?   166

22 도널드 트럼프가 어떤 사람이야?   167

23 화장실을 프랑스어로 뭐라 그래?   168

24 'Easy'의 동의어가 뭐야?   169

25 재밌는 얘기 좀 해줘.   170

26 오늘 무슨 요일이야?   171

27 넌 종교 있어?   172

28 넌 이름이 뭐야?   173

29 너 나 사랑해?   174

30 시청까지 가는 길 알려줘.   175

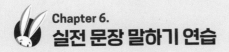

Chapter 6.
실전 문장 말하기 연습

시작하기 전에   179

01 어른들은 참 이상해! 『어린 왕자』 속 한 구절 읽기   182

02 모든 동물은 평등하다? 『동물 농장』 속 7계명   186

03 돌풍의 시작, 버니 샌더스의 출마 연설 읽기   191

04 『포브스(Forbes)』 선정 가장 영향력 있는 인물 1위, 시진핑   195

05 노스페이스, 그들의 구스다운 기준은?   199

06 『나에게는 꿈이 있습니다』: 마틴 루터 킹 jr. 명연설 읽기   203

07 NASA가 설명하는 지구의 기후 변화   207

에필로그 • 213
나가는 글 • 222

들 어 가 며

안녕하세요? 김영진입니다.

아직은 서로 얼굴도 모르는 사이지만, 책을 통해서 만나게 되어 반갑습니다.

저는 지난 몇 년간 영어 분야 책을 여러 권 썼습니다. 호응을 받긴 했지만, 그렇다고 엄청난 베스트셀러를 만들어 내지는 못했습니다. 아쉬움도 남지만 그렇다고 후회하지는 않습니다. 왜냐하면, 베스트셀러를 만들지 못한 이유를 저는 이미 잘 알고 있기 때문입니다.

TOEFL 책이든 미드 회화책이든, 모름지기 영어책이 잘 팔리려면 '쉽다'는 이미지를 강조해야 합니다. 언어를 통째로 익히는 게 얼마나 어려운 일이겠어요. 생각만 해도 숨 막히는 공부를 강요하려다 보니, 당연히 쉽고 재밌다는 말로 꼬드길 수밖에 없습니다.

그런데 저는 그런 데에 소질이 없었던 것 같습니다. 고르고 골라서 책을 낸다는 게, 정작 '영어 이력서 쓰는 법' '비즈니스 영어 잘하는 법' '비즈니스 이메일 잘 쓰는 법'처럼 이미 어렵고 까다로운 주제였으니까요. 말문이 뻥 뚫린다는 기초회화 책이나 귀가 뻥 뚫린다는 미드 책이랑은 거리가 멀었죠.

물론 '100일이면 누구나 할 수 있다'는 시리즈 제목을 달고 책을 내기는 했지만, 어디 그게 가능하겠어요. 미국 한복판에 태어난 아기도 100일로는 영어를 마스터하지 못하는데, 한국 한복판 어른이 100일 내 가능할 리가 없죠. 그래서인지 사람들에게 도움 되는 영어책을 쓰려는 욕심이 많지만, 그에 걸맞은 베스트셀러를 만들 기회가 아직 없었습니다.

 ## 솔직하게, 시행착오를 겪고 쓴 책

저는 사실 영어를 잘합니다. '잘한다'는 건 남이 내리는 평가일 테고, 제가 자신을 평가해 보면 영어가 '편하다'고 느낍니다.

여기까지 오는데 저도 힘들었습니다. 꾸벅꾸벅 졸면서 문법 수업을 버텨냈고, 발음 한두 번 틀렸다고 깔깔대는 친구한테 굴욕당하고, 직장 세미나에서 통역하다가 말이 막혀 울 뻔한 적도 있었습니다. 고생스러웠고, 다시 하라면 못할 것 같습니다.

오늘도 누군가는 영어를 공부합니다. 저처럼 울고 싶은 걸 참아가며, 막막한 걸 이겨내며 말이죠. 회화책과 미드 영어책을 붙들고 몇 년째 같은 자리를 맴돌며 좌절하고 있을 수도 있습니다. 영어 면접 자리에서 발음 좋은 옆자리 경쟁자를 만나서 주눅 들기도 할 겁니다.

그렇게 생각해보면 영어 공부는 어렵고 힘든 길입니다. 시행착오가 많을 수밖에 없습니다. 이 책을 읽는 여러분도 생각처럼 영어가 손에 잡히지 않아 조금씩 상처받았을 겁니다. 저도 한 번 걸어본 길입니다. 어차피 가야 하는 어려운 길이라면 조금이라도 수월하게 갈 수 있도록 길을 닦아주는 게 제 몫 아닐까요? 전 그렇게 생각합니다.

 ## 우리, 발음부터 시작해요

이 책은 영어 초보를 위한 책입니다. 저는 평소 영어 초심자에게는 무엇보다 문법부터 시작하라고 말합니다. 하지만 이번만큼은 예외적으로 발음 연습을 추천하려고 합니다. 왜냐면 발음은 "자신감"과 직결되어 있기 때문입니다.

문법부터 차근차근 영어를 익히는 것도 좋지만, 그렇게 익힌 영어로 한마디 말을 꺼냈다가 발음 때문에 상대방 앞에서 부끄러워진다면 사람은 움츠러들게 마련입니다. 발음에 자신이 없어지면, 금세 영어가 싫어지고 짜증 나는 게 당연하죠.

영어 자신감을 쑥쑥 키우기 위해, 발음부터 시작하는 게 어떨까요? 사실, 어떤 지식이든 실생활에서 쓸 수 있어야 재미가 붙는 것처럼, 영어로 상대방과 수다를 떨고, 친구를 사귀고, 연애를 하거나 직장에서 업무를 맡아 하다 보면 재미가 생깁니다. 그런 재미를 느끼려면 결국 말하기부터 시작하는 게 맞겠죠. 문법이나 표현은 조금 틀려도 괜찮습니다. 발음에 조금만 자신감이 붙으면 영어는 금방 재미있어질 수밖에 없습니다.

  (발음 공부)☞(자신감)☞(재미)☞(영어 공부)로 이어지는 선순환을 한 번 만들어 보는 게 이 책의 목표입니다. 그럼 그 첫 시작, "발음" 공부 방법을 알아볼까요?

회화 공부나 문법 공부에 비해서 유난히 발음 공부는 막막하지 않으신가요? 어디서부터 시작해야 할지 몰라 고민해왔다면, 혼자만 그런 게 아니니 안심해도 좋습니다. 과외나 학원, 인터넷 강의로 발음 실력이 해결되지 않았다면 이 책을 통해 스마트폰을 활용하는 공부법을 추천합니다. 우선 시작하기에 앞서 발음이란 어떻게 공부해야 하는지, 왜 지금까지 발음공부가 쉽지 않았는지 같이 이야기하면서 출발해 볼까요?

Chapter 1.

왕초보가
첫걸음을 떼어 봅니다

01
발음 기호부터
외워야 할까요?

영어 발음 기호를 외우고 계신 분, 손 들어 보세요. 제대로 외웠는지 자신은 없을지 몰라도, 한국에서 정규 교육을 받은 여러분은 대충은 알고 계실 겁니다. 알파벳과 비슷하게 생긴 발음기호가 여럿 있고, 번데기랑 닮아서 외우기 쉬웠던 th발음 기호([θ])가 있었죠. 차이가 뭔지 봐도 잘 모르겠는 [ə]와 [æ] 같은 기호도 있었던 것 같고요. 어려운 단어를 사전에서 찾을 때면 한 번쯤 발음 기호를 읽어보려고 시도하지만, 정작 이 발음 기호가 어떤 소리인지 긴가민가해서 그다지 도움 되지 않는다는 분들이 대다수입니다.

영어 발음 기호에 의존하는 건 스마트폰이 없던 시절의 이야기입니다. 이제 발음 기회를 외워야 하는 시대는 지났죠. 아니, 지났어야 합니다. 영어 사전 앱에서 발음을 바로 들어 볼 수 있고, 유튜브에 검색하면 웬만한 단어는 발음법을 알려주는 비디오를 찾을 수 있으니까요. 영어 원어민 선생님 팟캐스트는 얼마나 많고, 또 네이버 첫 화면만 켜도 '오늘의 영어'가 나오지 않습니까. 발음 기호를 외워서 나쁠 건 없지만, 굳이 외울 필요는 없게 됐다고 봐야겠죠.

하지만 아직도 대다수 발음책을 보면, 발음 기호가 등장합니다. 별로 효과적이지 않은 건 물론이요, 발음 기호에 의존하다 보면 마주치는 문제도 있습니다. '눈으로만' 공부하는 경우가 바로 그런 부작용입니다. 발음 기호를 눈으로 뚫어져라 보는 것, 그리고 '이 발음은 이렇게 하겠지' 머릿속으로 추리하는 건 실력을 늘리는 데 그다지 도움 되지 않습니다. 도리어 기호를 잘못 외워 놓고 모든 발음을 다 엉망으로 하는 경우도 더러 생깁니다. 시간이 지나고 보면 억울하겠죠. 현실 발음하고 거리는 거리대로 멀어지고, 시간은 시간대로 낭비하고.

억울하지 않으려면, 이제 눈으로만 읽을 게 아니라 귀와 입을 열고 공부해야 합니다. 이 책에서는 차차 그 방법을 알려드릴 거예요. 발음 기호에 의존하는 공부는 우선 아웃시켜야 합니다. '쟨 연애를 책으로 배웠네' '넌 사회생활을 책으로만 배웠니?' 하듯이, 영어를 발음 기호 읽어가며 공부하면 나중에는 '너 영어 발음을 책으로 배웠지?' 소리를 듣게 될지 모릅니다.

💡 **오늘의 교훈**
발음 기호로 공부하는 시대는 지났다, 이제 스마트폰을 켜자.

02

배운 게
배운 게 아닐 때

🎤 　사실, 우린 너무 멀리 와버렸습니다. 현재 완료 용법, 수동태, 목적격 관계대명사, 이런 말은 거리낌 없이 내뱉으면서도 정작 매일 먹는 마요네즈Mayonnaise 나 크루아상Croissant 발음 같은 건 자신이 없죠*.

지금 와서 누구한테 물어보기도 민망합니다. 물어봐도 어차피 나랑 비슷한 교육을 받은 옆 사람이라고 별수 있을까요. 네이티브에게 가르침을 받으려고 학원 문을 두드려보지만 정작 발음 정도는 기본이라는 건지, 수업은 회화반부터 시작하곤 합니다.

우린 이미 너무 멀리 와버렸다는 느낌이 가슴을 짓누릅니다.

사실, 우리의 부족한 영어 기초는 학교와 시중 도서들이 잘못 가

---

* 　'마요네즈'는 사실 '메이여네이즈/mey-uh-NEYZ/'고 '크루아상'은 '크뤄상(트)/kruh-SAHNT/'로 발음합니다.

르친 이유가 큽니다. 발음 문제가 특히 심합니다. 가르치는 선생님의 발음이 별로인 경우도 많고, 선생님들조차도 책으로 발음을 배우기도 하죠. 반대로 원어민 선생님은 발음은 좋을지 몰라도 체계적이지는 않습니다. 그냥, '아, 저 선생님은 발음이 좋네' 감탄하는 거로 끝나곤 합니다.

학교는 그렇다 치고, 자본주의 무한경쟁(!) 출판 시장에서 소위 '팔리는' 발음책을 한 번 볼까요? 이런 식입니다.

> 단어의 원형이 무성음 [p], [t], [k], [f] 발음으로 끝나면, 마지막 '-s'는 무성음인 [s]로 발음한다.

오마이갓. 이게 대체 무슨 외계어인지 설명이 필요합니다.

풀어 보자면, 고양이Cat 같은 단어를 복수형으로 만들 때 마지막 글자 -t 가 무성음이니까, Cats의 맨 끝 s를 [s]로 하라는 겁니다. '캣츠'로 읽으라는 거죠.

아니, 그럼 '캣츠'가 아니면 대체 뭐로 읽으라는 걸까요? 한참 아래 문단까지 읽어 보면 무성음이 아니라 유성음으로 끝나는 단어는 복수형일 때 s 발음이 다르다고 합니다. 이렇게요.

> 단어의 원형이 [s], [z], [ʃ], [dʒ] 발음으로 끝나면, 마지막에 '-es'를 붙이고 [iz]로 발음한다.

접시Dish 같은 단어는 -sh 로 끝나서 [ʃ] 발음이니까 복수형을 만들 때 Dishes 라고 쓰고 '디쉬-즈'라고 읽으라는 소리입니다. '디쉬-스'가 아니라요.

그럼, 이 두 가지 발음 법칙을 외운 나는 이제 복수형 발음을 잘 할 수 있을까요? 아닙니다, 슬프지만 아직 멀었습니다. [p], [t], [k], [f] 로 끝나는지 [s], [z], [ʃ], [dʒ] 로 끝나는지 외워봐야 그 법칙에 해당하지 않는 단어가 나오면 말짱 도루묵입니다. 기타Guitar의 복수형은? 빌딩Building의 복수형은? 이제 또 다른 법칙을 외워야 할까요?

이런 식으로 발음을 가르치니 실력이 늘지 않습니다. 발음은 법칙으로 외우는 게 아닙니다.

서점을 가보면 '법칙'이 안 나오는 책을 찾기가 힘듭니다. 가르치는 사람이 편하려고, 가르치는 사람의 관성대로 법칙을 가르치는 거죠. 이건 정말 잘못된 겁니다. 발음을 배웠지만 발음을 하지 못하는 건 여러분의 잘못이 아닙니다. 뭘 열심히 하기 이전에, 그들이 가르치는 방법이 잘못됐다는 인식부터 있어야 합니다.

어떻게 가르치는 것이, 어떻게 배우는 것이 옳은 건지 오늘도 누군가 치열하게 고민하고 있습니다. 이 책도 그런 고민에서 출발한 프로젝트고요. 어느 길로 가야 옳을지 고민하는 동안, 우리가 유일하게 확신할 수 있는 건 여태껏 우리가 시도한 방법은 대부분 '틀렸다'는 사실일 겁니다. 수업에서 필기를 열심히 해도, 유튜브 동영상을 열심히 봐도, 일껏 책에 나오는 문법과 법칙을 외워가며 공부해도 그다지 실력이 늘지 않았다면 말이죠.

지금까지 외워 온 법칙이, 배운 발음이 생각처럼 내게 도움이 되

지 않았다고 느낀다면, 아마도 지금이 바로 이 책과 함께 새로운 도
전을 해 볼 때라는 그린라이트가 아닐까요? 저는 그렇다고 생각합
니다.

💡 **오늘의 교훈**
발음공부에 있어서 '법칙 외우기'는 쓸모없다. 발음공부법을 바꿔야 발
음이 산다.

03

현실적인 발음공부의
목표 세우기

 Q. 열심히 공부하면 네이티브 발음이 될 수 있나요?
A. 아니요. (ㅠㅠ)

결론은 심플합니다. 네이티브가 아닌데 어떻게 네이티브 발음이 되겠어요? 텔레비전 속 한국말 잘하는 외국인도 어디까지나 '외국인치고는' 잘하는 것처럼, 우리가 영어를 잘하게 되면 '외국인 치고는' 영어를 잘하는 사람이 되는 겁니다. 네이티브가 아니라요. 수능 영어 방송 네이티브 같은 발음은 네이티브로 태어난 사람들이라서 가능한 겁니다.

저는 앞으로 여러분이 '네이티브 만들어 주세요' 같은 요구를 하지 않길 바랍니다. 저에게도 요구하지 말고, 여러분 자신에게도 요구하지 않았으면 합니다. 그건 현실적인 목표가 아니기 때문입니다. 정말 여러분이 원해야 하는 목표는 딱 한 가지, 내 발음을 '네이티브가 알아들을 수 있는 레벨'로 만드는 겁니다.

완벽한 발음이 아닌, '쓸만한' 발음

이상적인 영어 발음이란 당연히 CNN 방송에 등장하는 백인 미국인의 동부 억양인 적이 있었습니다. 아무리 영어를 부드럽게 해도, 발음이 미국식이 아니면 흠이 되곤 했죠. 하지만 다행히 요새 영어 공부계(?)에서는 '네이티브=미국 발음'이라는 강박관념이 줄어들고 있습니다. 즉, 이상적인 발음이 무엇인지에 대해 좀 더 여유롭게 정의를 내리는 분위기가 형성된 거죠.

요새는 영국식 발음이든, 인도식 발음이든, 싱가포르식 영어 발음이든 괜찮다는 의견이 늘고 있습니다. 완벽하고 모범적인 발음을 추구하려는 압박감도 줄어드는 것 같습니다. 발음이 좀 한국식이어도 괜찮다는 여유가 조금씩 생기는 중입니다. 애초에 '완벽한' 발음 따위 없다는 걸 강조하는 기사도 더러 나오고, 사람들 인식도 변하는 듯한데 이건 참 좋은 현상입니다. 애초에 영어 발음은 다양하고, 마침 우리의 혀는 한국식 발음에 익숙하니, 어느 정도 한국식 영어를 구사해도 전혀 문제가 없다는 걸 깨달아야 합니다.

현실적으로, 우리의 목표는 '네이티브' 발음이 아닙니다. 그보다 '쓸만한' 발음이 목표여야 합니다. 상대방이 알아들을 정도만 되면 OK라는 거죠.

네이티브가 되는 게 목표가 아닙니다. 네이티브는 될 수도 없고, 아쉽지만 만들어드릴 수도 없습니다. 그 대신에 네이티브가 내 '한국식' 영어 발음을 듣고도 '얘가 이런 말을 하는구나' 알아듣는다면 그걸로 충분합니다. 어디 가서 쓰는 데 문제가 없는 발음, '쓸만한' 발음 그 이상은 과욕이요, 시간 낭비일 뿐입니다.

> 🔅 **오늘의 교훈**
> 네이티브가 될 수 없는 나에게 실망하지 말자. 알아들을 수 있게만 하면 된다.

04

조선시대부터 계속 고민합니다, 발음 표기법

🎤 재밌는 책을 서점에서 발견했습니다. 조선시대 영어교재인데요. 우리 조상들께서는 영어 단어를 한글로 현실감 넘치게 적어두었습니다. Learn 발음은 '을러언'으로, Rice 는 '으라이쓰'라는 식으로요. 굉장히 적절합니다.

그런데 말이죠. 차라리 지금도 한글로 발음을 적으면 좋으련만, 그때 있었던 자음 기호들 여럿이 우리말에서 사라져버렸습니다. 우리말 글자로는 도저히 표현이 안 되는 발음도 있고요.

지금의 우리말로 영어를 표기하려고 하면 f 나 th 발음부터 문제가 생깁니다. 어쩔 수 없이 영어 발음 기호를 사용할 수밖에 없었습니다.

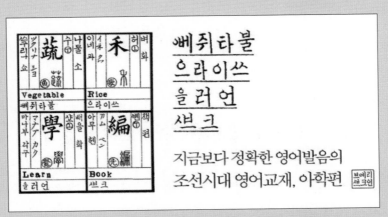

우리 조상들 또한 영어 발음 표현을 고민했다는 흔적입니다. 정약용 원작/지석영, 전용규 지음. (2018). 조선시대 영어교재 아학편. 베리북

그 결과로 영어단어를 사전에서 찾으면 이런 식의 발음 기호에 맞닥뜨리게 되었습니다.

['tɜːrtl]

[dʒəræf]

이걸 어떻게 읽나요? 한 번 시도해보시기 바랍니다. 무슨 단어인지 짐작하기도 쉽지 않죠? 알고 보면 엄청 쉬운 단어입니다. 각각 거북이Turtle과 기린Giraffe의 발음 기호입니다.

이렇게나 어려운 영어 발음 기호, 방법이 없을까?

발음 기호라는 게 귀에 들리는 소리를 보조해서 설명하는 역할이자 내 발음을 지도하는 기능을 해야 하는데 이렇게 어려워서야 되겠습니까? 아는 단어도 발음이 헷갈릴 지경입니다.

그래서 이 책에서는 조금 다른 방식을 쓰기로 했습니다. 명색이 발음책인데, 발음 기호조차 여러분이 못 읽으면 소용이 없잖아요. 우리 조선시대 선조가 우리말로 영어를 표시했듯이, 이 책은 영어권 네이티브가 자기네 말인 알파벳으로 표기하는 발음 기호 방식을 쓰기로 했습니다.

A

ABASH (uh BASH) *v* to make ashamed; to embarrass
- Meredith felt *abashed* by her inability to remember her lines in the school chorus of "Old McDonald Had a Farm."

To do something without shame or embarrassment is to do it *unabashedly*.
- Karl handed in a term paper that he had *unabashedly* copied from Wikipedia.

ABATE (uh BAYT) *v* to subside; to reduce
- George spilled a cup of hot coffee on his leg. It hurt quite a bit. Then, gradually, the agony *abated*.
- Bad weather *abates* when good weather begins to return. A rainstorm that does not let up continues *unabated*.

A tax *abatement* is a reduction in taxes. Businesses are sometimes given tax *abatements* in return for building factories in places where there is a particular need for jobs.

미국 단어장의 정석, 워드 스마트가 발음을 표기하는 방법. 이 책에서도 이런 표기법을 사용합니다.
Robinson, A. (2017). **Word Smart**. 6th ed. Princeton Review.

우리가 평소 배운 발음 기호가 그거 아니냐고요? 아닙니다. 우리가 지금까지 써온 어려운 발음 기호는 사실 전 세계 외국인이 공통으로 쓰라고 만들어 놓은 암호* 같은 거거든요. 대신 영어 네이티브들은 영어의 알파벳 그 자체를 사용한 방식을 쓰곤 합니다. 한 번 경험해 볼까요?

Turtle	[TUR-tl]
Giraffe	[juh-RAF]

아까 처음 봤던 영어 기호보다 훨씬 읽기 쉽지 않습니까? 대충 어떤 발음인지, 강세가 어디에 놓이는지 보기 쉽습니다. 알파벳이 쓰여 있는 대로 읽고, 대문자는 강세 음절로 읽으면 됩니다. 한글로 쓰자면 "터-틀" "줘-래프" 정도 되겠네요. 기존 표기 방식보다 직관적입니다. 전 세계에서 제일 많이 팔린 단어책이라는 워드 스마트 역시 발음표기에 이 방식을 사용합니다. 앞 페이지 워드 스마트 예시문을 보면, '무안하게 하다'는 뜻의 Abash는 /uhBASH/로, '약해지다'는 뜻의 Abate는 /uhBAYT/로 표기되어 있습니다. 뜻은 몰라도 대충 어떻게 읽어야 할지 알아보기 쉽습니다.

한국에서 출판되는 영어교재에서 잘 접해보지 못한 방식이라 낯설게 느낄 수 있습니다. 하지만 효과적인 방식이라는 감이 벌써 오지 않나요? 한국인이 흔히 틀리곤 하는 강세(엑센트) 연습에도 효과

---

* 우리가 보편적으로 쓰는 영어 발음 기호는 사실 International Phonetic Alphabet, 즉 IPA라고 해서 '국제음성기호'입니다.

적이고, 기호 읽기 어렵다고 발음을 패싱(!)하는 습관도 고칠 수 있는 방식이 아닐까 싶습니다.

이 책 모든 예시 단어에는 이런 '알파벳 발음 기호'를 적어 놓았습니다. 한 차원 높은 발음 실력을 키우고 싶은 여러분이 많이 활용해 주셨으면 합니다.

05

발음에
다시 도전하고 싶다면

🎙️ 발음공부의 첫걸음을 응원하면서, 발음공부법에 대한 짧은
생각을 하나 더 나누고 본론을 시작하려고 합니다.

요즘 참 새로운 학습법이 많습니다. 뇌를 어떻게 하자는 것부터,
교과목을 영어로 배우느니, 영어 유치원도 아니고 어린이집에서
외국인 선생님 수업 시간이 있기도 하네요. 제 조카들도 어린이집
에서 '파닉스' 교육이라고 해서 알파벳의 음가(音價)를 배우는 수업
을 받더군요.

저는 『성문 기초영문법』으로 영어를 배운 세대입니다. 영어로 고
군분투하는 여러분 대다수가 공감하실 거예요. 책상머리에서 배우
는 영어는 효율적이지 않다는 걸요. 그래서인지 영어 유치원을 다
닌다, 파닉스를 배운다, 그런 얘기를 접하면서 여기에 '혹'하게 됩니
다. '내가 영어를 못 하는 건 학교에서 책으로 배웠기 때문이고, 좀

더 '네이티브'스러운 교육 방법으로 외국인과 부딪히며 배우면 영어가 쑥쑥 늘지 않을까?' 하는 거죠.

그래서인지 제 친구 중에서도 가끔 이런 질문을 하는 경우가 있습니다.

"온종일 영어 방송을 틀어놓고 듣다 보면 귀가 트이지 않을까?"
"걔네들도 어차피 아기로 태어나서 자연스럽게 듣다 보니 하게 되는 건데, 그렇게 하면 되잖아."

그런 친구들에게 저는 말해주곤 합니다.

"그래, 그럼 너도 미국 신생아처럼 하루 24시간 영어만 듣고 살아봐. 첫 돌 지나면 영어로 옹알이하고, 오늘부터 이십 년쯤 지나서 2040년쯤에는 미국 어른처럼 영어를 할 수 있겠네!"

우리에게 맞는 방식으로, 발음공부에 다시 도전합니다

제 친구들의, 여러분의 꿈을 뭉개려는 게 아닙니다. 제가 정말로 하고 싶은 말은, 발음공부에도 여러 가지 방식이 있다는 겁니다.

벌써 십몇 년 한국식 교육을 받은 우리의 혀와 우리의 영어 브레인은 이미 진화를 거쳤습니다. 미국에서 갓 태어난 아기의 학습법을 따라 해봐야 맞지 않습니다. 맨피부에 문신을 새기는 거랑, 전

애인 이름 위에 문신을 덮어씌우는 수정 방식이 다르듯이, 여러분의 영어는 지금 수정과 교정이 필요한 상태입니다. 처음부터 새로 시작하는 베이비식 백지상태 공부법과 같을 수 없습니다.

'이미' 영어를 배운 한국인 여러분의 발음에는 비슷비슷한 문제가 존재합니다. 공통적인 문제점부터 집중적으로 공략하는 게 효과적이겠죠.

이를테면 이런 겁니다. 3인칭 명사나 동사에 붙는 -s나 -es를 잘 발음하지 않는 경향이 있습니다. 잘 알다시피 한국어에 없는 발음 중 f 나 r 뿐만 아니라, z 발음도 특히 어려워하고 잘하지 못합니다. 그리고 l 발음과 r 발음의 차이는 알지만, 정작 말할 때는 헷갈리거나 구분을 잘 하지 못합니다. 또, f 발음을 잘 해야 한다는 압박감에 p 를 보고도 f 로 발음하는 경향도 강합니다. 결정적으로, 입을 너무 조그맣게 벌립니다. 앞으로도 계속 강조하겠지만, 영어는 무조건 입을 크게 벌리며 발음해야 하는 데 말이죠.

영어 발음을 제대로, 잘 배우려면 이런 뻔한 실수부터 짚어주는 게 훨씬 효과적입니다. 우리는 이미 학교에서 십몇 년 배운 영어 기초실력이 있습니다. 수정과 교정, 그리고 연습을 더하면 발음 실력은 금방 늘어납니다. 이미 구매한 물건을 A/S 받는다고 생각하면 좋겠습니다. 이미 갖고 있는 거, 잘 고쳐서 새것처럼 자신 있게 사용하는 거죠.

저를 믿고, 여러분 자신을 믿고, 한 번 더 도전해볼까요?

평소 혼자서 영어 발음을 공부할 때, '내가 제대로 하고 있나' 고민될 때가 많으셨죠? 원어민 선생님 방송을 유튜브에서 아무리 찾아 들어도, 정작 내 발음이 어떤지 확인할 방법이 없어서 답답한 경험은 누구나 있을 것 같습니다. 내가 이렇게 발음하면 네이티브가 알아듣는지, 한 번만 확인해보고 싶은데 마땅히 방법이 없었죠. 그런 여러분께 시리(Siri) 같은 음성인식 비서를 추천합니다.

Chapter 2.

그럼 한 번 스마트폰을
꺼내 볼까요?

01

내 폰 안에
외국인 있다

🎤 여러분이 가지고 계신 스마트폰은 영어 발음을 연습하는데 기가 막히게 유용한 도구입니다. 음성인식 비서 기능이 담겨 있기 때문입니다. 아이폰 유저는 '시리'로 익숙할 거고, 안드로이드 유저는 '빅스비' 또는 '구글 어시스턴트'를 사용하기도 합니다. 우선 발음 연습은 음성인식 비서 기능을 사용하되, 나중에 문장을 연습할 때는 우리가 모두 한 몸처럼 사용하는 카카오톡도 활용할 거예요. 각각의 사용법에 대한 설명은 조금 뒤로 미뤄두고, 우선 이번 챕터에서는 시리Siri를 기준으로 말씀드리겠습니다.

시리Siri를 활용한 발음공부는 제가 한 대학에서 영어 수업을 준비하다가 떠올린 아이디어입니다. 수업 아이디어를 구상하다가 한 유튜브 비디오를 보게 되었죠. 영어 발음에 정말 소질 없는 일본 연

"Hello"라고 또렷한 발음으로 인사했을 때   "하로우"라고 어색한 발음으로 인사했을 때

예인들이 시리에게 영어로 "Hello" 말 걸어보는 챌린지 방송이었습니다. 진짜 열심히 노력은 하는데, 아무리 해도 "하로우~?" 같은 발음으로 시도하니 시리가 영 알아듣지 못하더라고요. 여기서 문득, '발음공부를 이렇게 하면 되겠구나!' 아이디어를 얻었습니다. 다음날 실제 수업에 적용해보았습니다. 크게 기대하지 않았는데 막상 써보니 이게 아주 요물이더군요.

알고 보니, 시리는 외국인이었던 겁니다!

처음 '음성인식 비서'라는 설명으로 시리를 접했을 때는 실망이 더 컸습니다. 말이 비서지, 정작 할 줄 아는 게 많지 않아 보였거든요. 친구이자 비서처럼 나를 도와줄 거로 생각했지만 직접 살을 맞대고 보니 이 친구는 몇 번 재미 삼아 말을 건네는 데나 도움 되지, 크게 '스마트'한 도움을 주지는 않는 듯했습니다.

하지만 시리가 알고 보니 외국인이라는 사실, 그것도 아주 모범적인 영어를 구사하는 분이라는 사실을 깨닫는 순간 많은 것이 바뀌었습니다. 언제나 내 손이 닿는 거리에, 네이티브인 시리가 제가 말 걸어 주기만을 기다리고 있었던 겁니다. 영어를 공부하는 여러분이 영어로 말 걸어 주기만을 기다리고 있는 겁니다. 한마디라도 더 알아들으려고 고민합니다. 부르면 밤낮을 가리지 않고 최선을 다해 대답합니다. 시리는 내 호주머니 속 외국인이었던 겁니다.

시리에게 정확한 영어 발음으로 말하면 시리가 잘 알아듣고 대답을 해 줄 겁니다. 만약 발음이 네이티브 기준으로 알아듣기 힘들었다면 답변 대신 딴소리를 하거나, 아니면 "I'm not sure if I understand." 라면서 대답을 피할 겁니다. 그러면 우리는 아, 이렇게 발음하면 안 되겠구나, 바로 판단할 수 있겠죠.

피드백 없는 발음공부는 그만 🐋

영어 발음공부의 가장 큰 난관은 피드백을 받기 쉽지 않다는 점입니다. 완벽한 누군가의 발음을 듣는다고 해서 내 발음이 고쳐질까요? 피드백 없이 남의 발음을 따라 해봐야, 내 발음이 저 발음이랑 비슷한지 검증이 되지 않는다는 문제가 있습니다. 피드백이 없으니 실력 향상도 쉽지 않습니다. 몸이 좋아지고 싶다고 운동선수의 영상은 열심히 찾아봤는데, 정작 이상한 자세로 스쿼트를 하다가 몸만 축나는 꼴이랄까요.

그래서, 피드백이 있는 발음공부가 중요합니다. 내 발음이 상대에게 어떻게 들리는지 끊임없이 체크해주는 선생님이 꼭 필요합니다. 내 발음이 'Jewelry'로 들리는지 'Julie'로 들리는지, 'World'로 들리는지 'Walled'로 들리는지 확인을 해야죠. 그리고 그 피드백을 줄 선생님으로 시리가 적격입니다*. 해당 언어의 네이티브로서 교육을 받았고 프로그래밍이 되어 있기 때문에, '그 언어를 쓰는 사람'들 기준대로 알아듣고 말하니까요. 내 말을 못 알아들으면 잘못된 대답을 하니까, 그야말로 '네이티브의 피드백'을 주는 셈입니다.

다들 스마트폰을 꺼내 봅시다. 이 기계 안에, 네이티브 영어 선생

---

* 발음의 정확도도 정확성이지만, 아예 잘못 알고 있는 발음을 알려주는 데도 시리가 적격입니다. 예를 들어 recipe (레시피; 요리법)라는 단어를 보고 /리씹/이라고 잘못 발음하면 시리는 아예 다른 단어로 인식할 거예요. 몇 번이고 /리씹/이라고 해도 시리가 'recipe'라고 화면에 써주지 않는다면, 내 발음이 잘못됐다는 걸 금세 깨닫게 되겠죠?

주얼리를 사고 싶었는데 10,550km 떨어진 곳의 스타디움을 추천해준다면…

님이 한 분 계신다는 걸 떠올리며 공손하게 인사드려봅시다. 앞으로 여러분 발음공부에 꾸준히 피드백을 주실 분입니다. 지금까지 남의 발음을 귀로만 듣는 공부에 익숙했다면, 이제 내가 말하는 발음에 집중하며 교정해주실 외국인 선생님입니다.

02
시리 선생님이
필요한 이유

영어 공부를 위해서 시도할 방법은 무한합니다. 주변을 둘러보면 영어 학원부터 과외 수업, 인터넷 강의, 두꺼운 영어 교재 등 정말 많은 공부 방법이 존재합니다. 그런데 이 모든 방법을 두고 왜 핸드폰 속 '음성인식 비서' 처방이 필요한 걸까요?

시리 선생님과 함께 하는 발음공부가 중요한 이유는, 사실 여러분 대부분이 가진 '영어 소심증' 때문에 그렇습니다. 가만 보면 한국인 대부분이 '나는 영어를 못 한다'는 생각을 하면서 자기 실력을 낮춰 평가하곤 합니다. 그러다 보니 영어로 말 한마디 할 때도 위축되고 목소리가 작아집니다.

자신감이 없으니 목소리가 작아지고, 상대방은 더욱 못 알아들으니 나는 더 위축되고. 그러다 보면 영어로 말하는 자리가 점점 더 불편해지고, 외국인 낯가림이 심해지는 악순환이 반복됩니다.

이런 악순환을 끊으려면 '자신감이 뭉개지지 않는 방식으로' 발음공부를 하는 게 필요합니다. 부끄럽거나 위축되지 않는 환경에서 연습하는 게 중요합니다. 그래서 우리에게 꼭 필요한 게 시리Siri 선생님인 거죠.

시리는 언제나 나를 응원합니다

그런 면에서 시리는 내 발음 연습 상대로서 완벽합니다. 언제나 나를 응원하기 때문입니다. 내 말을 못 알아들을 때, 나를 업신여기는 듯 바라보지 않습니다. 그저 다시 말해달라고 요청할 뿐이죠.

그래서 시리와 영어 발음을 연습하면 민망하지 않고, 구박받지 않아도 됩니다.

사람이 아니기 때문에, 내 말을 못 알아들어도 덜 민망합니다. 내 자존감이 상하거나, 자신감을 크게 잃는 상황도 피할 수 있고요. 내 발음이 이상하다고 놀리지 않고, 인터뷰에서 나쁜 점수를 주지도 않습니다. 그저 묵묵히 내가 묻는 대로 대답하고, 피드백을 줄 뿐입니다. 아주 인자한, 언제나 내 편인 선생님이랄까요?

시리는 언제나 내 편입니다.

시리는 상냥합니다. 내가 똑같은 실수를 계속해도, 절대 짜증 내지 않습니다.

시리는 인내심이 강합니다. 내 말을 알아들을 때까지 몇 번이고

들어줍니다.

시리는 나를 평가하지 않습니다. 자꾸 틀린다면서 불편한 티를 내거나 면박 주지 않습니다.

시리는, 언제나 내 편입니다.

앞글에서 잠깐 언급했던 제 대학 수업 학생들 반응은 어땠을까요? 평소 제가 발음을 지적할 때면 의기소침한 얼굴로 굳어졌던 학생들이, 제가 정해 준 단어를 '시리가 알아들을 때까지' 연습해보라고 시키자 금세 시끌벅적하게 떠들기 시작했습니다.

'야, 그건 너 발음 구려서 못 알아듣는 거야 ㅋㅋㅋㅋ' '차라리 이렇게 해봐' '난 왜 이게 안 되냐?' 하면서 말이죠. 선생님(이자 사람인) 제가 지적하는 건 기분이 상하지만, 시리는 기계인 데다가 친절하고 짜증도 내지 않으니 너무나 편한 거죠. 제게는 큰 깨달음을 준 사건이었습니다.

03

시리 선생님, 어디 계세요?
첫 설정하기

시리를 만나려면 우선 〈설정Settings〉 화면으로 갑니다.

중간쯤 내려보면 〈Siri 및 검색 Siri & Search〉이라는 중간 메뉴가 있습니다. 시리에 관한 모든 설정이 담겨있는 메뉴입니다. 클릭해서 들어가면, 기본으로 스마트폰 설정과 동일하게 한국어로 〈언어Language〉가 설정되어 있을 거예요.

그럼, 영어 발음공부를 위해서

설정	
🔔 알림	>
🔊 사운드 및 햅틱	>
🌙 방해금지 모드	>
⏳ 스크린 타임	>
⚙️ 일반	>
🎛 제어 센터	>
AA 디스플레이 및 밝기	>
🌸 배경화면	>
Siri 및 검색	>
Face ID 및 암호	>
SOS 긴급 구조 요청	>
🔋 배터리	>
✋ 개인 정보 보호	>
🅰️ iTunes 및 App Store	>

Chapter 2. 그럼 한 번 스마트폰을 꺼내 볼까요? 47

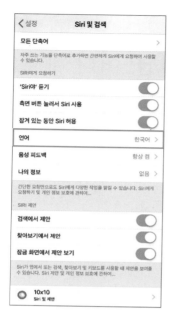

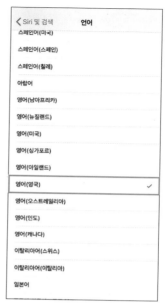

는 영어로 설정을 바꿔줘야겠죠? 〈언어Language〉 메뉴 아래에서 원하는 종류의 영어를 선택하면 됩니다*.

여기서 팁. 꼭 미국이나 영국 발음으로 설정할 필요는 없습니다. 다양한 종류의 영어 발음을 접해보는 것도 실용적이니, 가끔은 오스트레일리아 발음, 가끔은 싱가포르 발음으로 바꿔가면서 시리 목소리를 듣는 것도 재미를 더해줍니다.

---

* 시리도 언어를 공부할 시간이 필요합니다. 원하는 언어를 선택하면 다운로드를 받아야 한다는 메시지가 나옵니다. 말하자면 시리가 벼락치기로 언어를 배우는 과정입니다. 조금 기다려주면, 몇 분 지나지 않아 시리를 만날 수 있습니다.

여기까지 설정이 되었다면, 시리가 내 목소리를 알아들을 수 있
도록 "Hey Siri" 설정을 완료해줍니다. 화면에서 시키는 대로, "Hey
Siri"를 다섯 번 발음해주면 그때부터 시리는 내 목소리와 억양을
잘 알아듣도록 프로그래밍이 완료됩니다.

그럼 이제 시리 선생님과 공부할 준비가 완료되었습니다. 시작
해볼까요?

> ★ 시리에게 말해보자
> Hey Siri, nice to meet you.
> Hey Siri, do you know my name?
> Hey Siri, what's your name?

04

똑똑똑,
카카오톡 선생님 계세요?

🎤 　시리 선생님은 있는데, 그럼 카카오톡 선생님은 없는지 궁금하시죠?

네, 물론 카카오톡 선생님도 계십니다. 시리 선생님과 하는 역할은 조금 다릅니다. 시리는 일종의 '인공지능' 프로그램인 만큼 내 말을 듣고, 들은 내용을 화면에 보여준 후 대답까지 하지만 카카오톡의 경우 말을 듣고 받아쓰는 것까지만 가능하다는 차이가 있습니다. 말하자면 카카오톡은 딕테이션Dictation 기능만 가능한 거죠*. 물론 한글 영어 다 가능합니다.

---

* 기존 음성인식 앱의 기능이 탑재되어 있는 거라고 보면 됩니다. Speech-to-text 기능이라고도 합니다. 2009년 출시된 Dragon Dictation 앱이 아마도 첫 번째였던 것 같습니다. 핸즈프리로 운전하며 문자를 보내기 편해서 인기가 있었는데, 우리처럼 외국어 발음을 체크하는 용도로도 적합한 게 바로 이 음성인식 기능입니다.

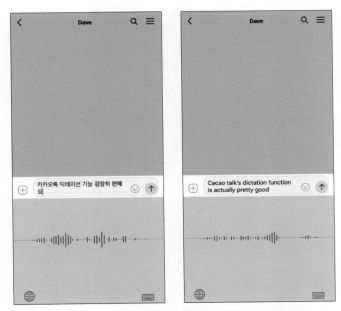

카카오톡 대화창 오른쪽 하단 마이크 버튼을 누르면 받아쓰기 기능을 사용할 수 있습니다

할 수 있는 일이 조금 다르다 보니 구분해서 쓸 필요가 있습니다. 저는 개인적으로 카카오톡의 딕테이션 기능을 굉장히 자주 사용합니다. 영어로 대화하는 친구랑 카카오톡을 주고받을 때, 굳이 손가락으로 타이핑하지 않고 딕테이션 기능으로 '받아쓰기'를 하곤 합니다. 그냥 이런저런 얘기를 전화할 때처럼 주절주절 말하면 카카오톡이 찰떡같이 알아듣고 타자 치는 수고로움을 생략해주거든요.

만약 영어로 대화할 친구가 있으면 - 외국인이 아니라 옆자리 한국인 친구라도 같이 공부할 겸 영어로 하면 됩니다 - 이렇게 영어 말하기를 생활화해보세요. 카카오톡 선생님도 시리 선생님 못지않

게 친절하게, 내 말을 기다려가며 받아써 줍니다(물론 시리처럼 대답을 해주지 않는다는 아쉬움은 조금 있지만요).

같이 영어 공부할 친구가 없다면? 혼자서도 괜찮습니다! 카카오톡에는 내가 나에게 메시지를 보낼 수 있습니다. 남의 눈치 볼 필요 없이, 혼자서 메시지를 영어로 블라블라 읊어보면 됩니다. 한번 말했는데 카카오톡이 제대로 받아쓰지 않았다면 다시 한번 집중해서 더 해보고, 될 때까지 연습하면 되니까요. 하루에도 수십번 열어보는 카카오톡 창, 기왕 여는 김에 영어 공부에 활용해봐도 좋겠죠?

	시리(음성인식 비서기능)	카카오톡
주요 기능	말을 듣고 받아쓴 뒤, 적절하게 대답하기(인공지능 기능)	말을 듣고 받아쓰기(즉, 딕테이션 Dictation 기능)
대화 가능?	물어보면 듣고 대답까지 해주니 간단한 대화를 이어 나갈 수 있음	내 말을 화면에 타이핑해 주는 기능으로써, 대화는 불가능함
말하기 속도	대화하는 속도를 맞추지 않으면 중간에 말을 끊기도 함	말하기 속도와 관계없이 여러 문장을 말해도 지속적으로 받아 써 줌
추천 대상	• 평상시 꾸준히 영어 발음공부를 하고 싶은 분들 • 네이티브가 말하는 속도로 회화 연습을 하고 싶은 분들 • 인공지능 기능을 경험해보고 싶은 분들	• 천천히 말하면서 차근차근 발음 공부를 하고 싶은 분들 • 영어로 문자를 주고받으며 같이 공부할 공부 파트너가 있는 분들 • 회화보다는 긴 문장 말하기(스피치 연습 등)에 집중하고 싶은 분들

부록 1

헤이 구글!
구글 어시스턴트 설정하기

구글 어시스턴트 앱('Google Assistant'로 검색)은 구글하고 연동된다는 편리함이 있습니다. 구글 또는 Gmail 계정이 있으면 이메일이나 일정, 연락처 등 동기화를 시킬 수 있습니다. 안드로이드 기반의 여러 앱하고도 연동이 잘 되고요.

앱을 다운로드받은 후에 실행시키면, 곧바로 내 말을 들려줄 수 있는 마이크 버튼이 하단에 보입니다. 마이크를 눌러서 음성으로 명령어를 주거나 키보드 버튼을 눌러 타이핑도 가능합니다. 영어 발음은 연습하려면 당연히 마이크 버튼을 더욱 애용해야겠죠?

언어 설정이 곧바로 영어로 되어있지 않다면, 오른쪽 상단 버튼으로 내 계정 관련 메뉴로 갑니다.

앱 실행 후 첫 화면에서 바로 질문이 가능합니다.

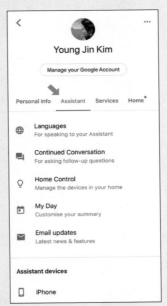

언어 설정은 계정 관련 메뉴에서

　내 계정 밑에 보면 어시스턴트Assistant 탭이 따로 있습니다. 여기서 언어 설정인 Languages를 누르면 원하는 구글 어시스턴트 언어를 두 가지 고를 수 있습니다.

기본적으로 한국어, 영어를 설정해놓으면 편리하겠죠?

마지막으로 구글 어시스턴트 실행 방식인데요. 안드로이드 유저는 안드로이드 기반 스마트폰에 구글 어시스턴트가 기본으로 설치되어 있는 경우가 대부분입니다. 이 경우엔 홈 버튼을 길게 눌러서 구글 어시스턴트를 바로 불러올 수 있습니다.

만약 안드로이드가 아니라 아이폰 유저라면 조금 번거롭지만 앱을 켜서 마이크 버튼을 사용해야 합니다. 아니면 앱 안 설정에서 시리Siri를 부르듯 구글 어시스턴트를 목소리로 불러오는 유용한 기능이 있기는 한데요, 스마트폰 기종과 OS에 따라 설정 방식이 조금씩 다를 수 있으니 구글의 설명 페이지를 참고하시기 바랍니다.

부록 2

헤이 빅스비!
빅스비 설정하기

빅스비가 기본적으로 탑재된 스마트폰에서는 별도로 다운로드하지 않아도 빅스비를 바로 활성화할 수 있습니다. 빅스비 버튼을 누르면 "어떤 걸 하고 싶나요?" 물으며 즉각 등장합니다.

한국어로 기본 설정되어 있는 빅스비를 영어 네이티브로 변경해 줘야겠죠? 메뉴 버튼을 클릭해서 〈설정〉 메뉴를 눌러줍니다.

설정을 누르면 〈언어 및 음성 스타일〉 버튼이 뜹니다. 바로 언어 설정을 바꾸는 메뉴입니다. 기본으로 한국어로 설정되어 있다면, 제공되는 영어 종류 중 마음에 드는 것으로 설정을 하면 됩니다.

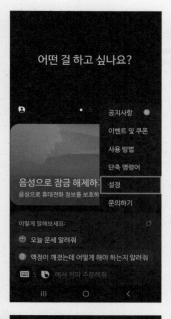

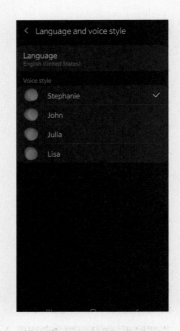

만약 설정 후 목소리를 바꾸고 싶다면? 〈Voice Style〉 메뉴에서 변경 가능합니다.

여기까지 설정이 완료되었다면 발음공부를 도와줄 빅스비 선생님이 준비되었습니다.

발음을 익힌다는 건 레고를 쌓는 것과 비슷합니다. 한 번에 쌓아 올려서 멋들어진 모습을 만들어낼 수 없습니다. 하나씩 알맞은 조각을 찾아서 이어 나가는 작업에 가깝습니다. 기본이 되는 발음부터 하나씩 쌓아 올리다 보면 단어와 문장이 차곡차곡 만들어집니다.

이번 챕터에서는 영어 말하기의 기초가 되는 발음을 천천히 알아보고, 한국인이 평소 틀리곤 하는 발음을 짚어 보겠습니다. 발음 연습, 차근차근 따라 하면 무섭지 않아요!

Chapter 3.
차근차근 따라 해보는
기본 발음편

프롤로그

 자, 이제 발음 연습할 준비 되셨나요?

이번 챕터는 실전 발음을 연습하는 첫 챕터입니다. 실전의 의미는 이렇습니다. 교과서로 배워서 이미 알고 있는 발음(예를 들어 t 가 'ㅌ' 발음이라는 점)은 빼고, 실제 영어 발음을 사용할 때 헷갈리거나 연습이 필요한 발음을 집중적으로 살펴봅니다.

쉽다고 느끼는 발음도 있을 수 있고, 때로는 '이런 것도 있었어?'라는 느낌을 주는 발음도 있을 텐데요. 교과서 밖에서 실전 영어 발음의 기초를 익힌다는 느낌으로 편하게 읽어보고 연습해보시면 좋겠습니다.

각 글 꼭지는 문장으로 시작합니다. 꼭지별 배울 발음을 연습해볼 수 있는 주제문인 셈이죠. 내용을 읽기 전에, 제목 문장을 먼저 한 번 읽어보세요. 시리 선생님이 단번에 찰떡같이 알아듣고 화면에 받아써준다면 Good! 절반은 성공했다고 생각하며 편한 마음으로 나머지 내용을 읽으시면 됩니다.

글 꼭지마다 다루는 내용은 여러 가지가 있습니다. 우선 'th'처럼 까다로운 발음을 연습하는 꼭지도 있고요, 아니면 Butter처럼 어떻게 발음하는지는 다 알긴 알지만 혀가 잘 안 굴러가는 발음을 연습하는 꼭지도 있습니다.

굳이 외우려고 하지 마세요. 외워야 하는 법칙을 나열하지도 않습니다. 그냥 가벼운 마음으로, '이런 것도 있었구나' 생각하며 읽으면 좋겠습니다. 그러다 보면 '이게 이런 거였어?' 싶은 내용도 종종 나올 거예요. 걱정하지 마세요. 우리는 이미 영어를 '대애충' 어떻게 읽는지 다 알고 있으니까요. 영어가 모국어가 아니기 때문에 잘 모르거나 헷갈렸던 발음을 한국인 기준에서 짚어보고 교정해주는 과정일 뿐입니다.

잘 안 되는 발음은 나만 안 되는 게 아니라 남도 잘 안 될 가능성이 99%라는 점을 기억하세요. 스트레스 받을 필요 없습니다. 언제나 친절한 시리 선생님과 함께 연습하면 되니까요. 자, 모두 스마트폰을 꺼내 볼까요?

TH 발음 ❶:
Therapy

🎤 　'th' 발음은 어려서부터 누구나 많이 연습한 발음입니다. 흔히 '번데기 발음기호'라고 하고 [θ] 기호를 쓰는데요, 바로 이 '번데기 발음'을 연습해보겠습니다. 혀를 물고 내는 '뜨(혹은 '쓰')' 발음입니다.

　혀끝을 가볍게 문 상태에서, 혀를 뒤로 빼면서 바람을 뱉으면 '뜨' 발음이 납니다. 와인 코르크를 뽑는 것처럼, 혀를 입안으로 쏘옥 뽑아 넣는 기분으로요. 가끔 혀를 엄청 깊게 물고 시작하는 분들이 있는데, 그러면 발음은 정확할지 몰라도 입모양을 준비하느라 단어나 문장 연결이 매끄럽지 않게 됩니다. 혀끝만 살짝 물어주세요.

〈th가 단어 앞에 올 때〉

Three /three/

Thread /thred/

Thong* /thawng/

Therapy /THER-uh-pee/

〈th가 단어 끝에 올 때〉

Bath /bahth/

Breath /breth/

Teeth /teeth/

〈th가 중간에 껴 있을 때〉

South Korea /South kuh-REE-uh/   n 대한민국

North Korea /Nawrth kuh-REE-uh/   n 북한

Bathtub /BAHTH-tuhb/   n 욕조

Toothpaste /TOOTH-peyst/   n 치약

---

*   Thong 발음을 적나라하게 듣고 싶으면 미국 가수 Sisqo의 1999년 노래에 'Thong song'이란 게 있습니다. 그 어려운 th 발음으로 Thong, thong, thong, thong, thong. 이라는 후렴구를 반복합니다.

**"When was the North-South
    Summit?"**

TIP 'th' 발음이 진짜 까다롭게 느껴질 때가 있습니다. 바로 그다음에 다른 자음이
연달아 나오는 경우죠. Southwest 라든지, Toothpaste 같은 경우입니다.
이걸 어떡하면 '연음'으로 이어서 발음하냐고 묻는데, 이어서 발음하면 발음이 뭉개
질 뿐입니다. 그저 나눠서 차근차근 발음하는 게 유일한 방법입니다. 'th'로 끝나는
단어 뒤를 조금 떼어서 따로 발음한다는 기분으로 South-West, Tooth-Paste처럼
나눠서 발음하면 효과적입니다.

📢 이것도 물어 볼까요

Q1. Do I need therapy?
Q2. What is a thong?
Q3. Do you have teeth?

02

TH 발음 ❷:
Breathe

🎤 　앞에서 th 발음(일명 '번데기 발음')을 살펴봤는데요, 사실 th 에는 또 한 가지 발음이 존재합니다. '쓰'보다는 '드'에 가까운 발음 인데요. 예를 들어, 스무디Smoothie 아시죠? 여기서 th 발음이 바로 th의 두 번째 발음입니다. 혀끝을 깨문다는 점에서 th의 첫 번째 발 음과 같은데, '쓰'가 아니라 '드'에 가까운 소리가 나죠.

　쉽게 발음하는 방법이 있습니다. 우리가 보통 뭔가 아주 더럽다 고 강조할 때, 아주 '드'럽다고 하면서 '으, 드러워!' 하잖아요? 그때 턱은 두겹턱이 될 것처럼 내리고 양 입꼬리가 내려간 못생긴 표정, 바로 그 표정에서 혀끝만 살짝 물어주면 완벽한 'th(발음 기호로는 ð)' 발음이 됩니다.

There /thair*/   `n` 거기

Then /then/   `n` 그때

This /this/   `n` 이것

끝에 오는 발음

Bathe /beyth/   `vt` 목욕시키다

Breathe /breeth/   `vi` 숨쉬다

Smooth /smooth/   `adj` 매끄러운, 스무스한

❓ 음성인식 비서에게 질문해 보기

"Do you like smoothie?"

TIP 'th'가 들어가는 단어 중에, 명사일 때는 '뜨/쓰'로 발음하다가 동사가 되면 '드'로 발음하는 경우가 여럿 있습니다. 굉장히 특이한 예외죠. Bath(목욕)-Bathe(목욕하다), Breath(숨)-Breathe(숨 쉬다) 같은 조합입니다. 이외에도 Teeth(이빨)-Teethe(이가 나다) 같은 예도 있죠.

📣 이것도 물어 볼까요

Q1. How often should I bathe?
Q2. Are you there?
Q3. Can you breathe?

---

*   알파벳 영어기호는 아쉽게도 th의 두 가지 발음('뜨/쓰' 그리고 '드')을 구분하지 못합니다. 둘 다 /th/로 적어버리죠. 기존 발음기호로는 '뜨/쓰(θ)', '드(ð)'로 구분할 수 있습니다.

03

O 발음:
Stop!

🎙️ 　우리는 알파벳 o는 당연히 '오'라고 배웠습니다. 미국인들이나 좀 경망스럽게 o를 '아' 발음한다고 배웠고요. 그래서 'Stop'은 '스톱'이 아니라 '스탑'이라고 배웠습니다.

흠. 정말 그럴까요? 사실 알파벳 o에 대해 약간 오해가 있는 것 같습니다. o는 기본적으로 '아'발음입니다. 이 책에서 계속 사용하고 있는 알파벳식 발음 표기법을 보면 알파벳 o에 대응하는 모음 발음은 '아'입니다. Stop의 발음기호는 /STOP/이고, 이건 당연히 '스탑'으로 읽는 거죠, '스톱'이 아니라. 네이티브 머릿속에는 기본적으로 'o = 아'라는 공식이 있는 셈이죠.*

---

*　한 출판사에서 『빅프라핏(Big Profit)』이라는 책을 낸 걸 보았습니다. 아마도 편집자는 '프로핏'과 '프라핏'을 두고 많이 고민했을 것 같습니다. 발음을 가르치는 저로서는 아주 칭찬하고 싶습니다. '프라핏'이 맞는 발음이니까요.

다음 단어의 기호 표시와 발음을 잘 살펴보세요.

〈아(o) 발음〉

Copy /KOP-ee/	카피(○)	코피(×)	vt 복사하다
Stop /STOP/	스탑(○)	스톱(×)	vt 멈추다
Common /KOM-uhn/	카먼(○)	코먼(×)	adj 공통의
October /ok-TOH-ber/	악토버*(○)	옥토버(×)	n 10월
Volleyball /VOL-ee-bawl/	발리볼(○)	볼리볼(×)	n 배구

　　물론 이게 끝은 아닙니다. 알파벳 o는 '아' 이외에도 크게 두 가지 발음으로 다르게 읽힙니다. '오' 그리고 '어'가 있습니다. 예를 들어 볼게요.

〈어(uh) 발음이 되는 경우〉

Collect /kuh-LEKT/	컬렉트(○)	콜렉트(×)	vt 모으다
Government /GUHV-ern-muhnt/	거버먼트(○)	고버먼트(×)	n 정부
Official /uh-FISH-uhl/	어피셜(○)	오피셜(×)	adj 공식적인

〈오(oh) 발음이 되는 경우〉

Logo /LOH-goh/	로고(○)	라고, 러고(×)	n 로고
Portfolio /pohrt-FOH-lee-oh/	포트폴리오(○)	파트폴리오(×)	n 포트폴리오
Oreo /OHR-ee-oh/	오리오(○)	아리오(×)	n 오레오(쿠키)

---

*　배리 마닐로Barry Manilow 노래 중 〈When October Goes〉를 들어보면 '옥토버'가 아니라 '아아악~토버'라는 발음을 아주 명확히 확인할 수 있습니다.

이렇게 복잡한 걸 보니 분명히 법칙이 있을 거야! 법칙을 외우면 되겠지! 하는 분도 계시겠네요. 하지만 좋은 생각은 아닌 것 같습니다. 왜냐고요?

왜냐면 알파벳 o 발음이 심지어 몇 가지 더 있기 때문입니다. 예를 들어 Movement(무브먼트)의 '우' 발음도 있고 Coffee(커피)의 '어'는 앞서 배운 발음 '어'와는 조금 다른 발음입니다.

글자는 하나인데 다섯 가지도 넘는 o 발음, 법칙으로 외워봐야 실제 말할 때 바로 떠오를 리가 없겠죠? 법칙을 외워봐야 소용없다고 계속 강조하는 게 바로 이런 이유입니다. 영어는 한글처럼 쓰여진 그대로 읽는 언어가 아니거든요.

실망하지는 않으셔도 됩니다. 우리는 이미 'sports'를 보면서 '스포츠'라고 읽는('스파츠'나 '스푸츠'가 아니라요) 기본적인 센스를 갖고 있거든요. 가끔 틀려도 되니까 가장 보편적인 발음인 '아'와 '어', '오'를 적당히 섞어서 시도해보고, 사전도 틈틈이 찾아보세요. 그러면서 감각을 끌어올리는 게 훨씬 효과적입니다.

❓ 음성인식 비서에게 질문해 보기

"How can I contact the President?"

📢 했것도 물어 볼까요

Q1. What does 'security deposit' mean?
Q2. Are you a robot?
Q3. What is Occupy Wall Street movement?

04

EI 발음:
Five, Six, Seven, Eight!

🎤 영어로 숫자를 세 볼까요? 원, 투, 쓰리, 포, 파이브, 씩스, 쎄븐, 에잇.

Eight(8)은 자연스럽게 '에잇'으로 발음하실 텐데요. 여기서 모음 'ei'는 'ㅔ'와 'ㅣ'가 합쳐졌기 때문에 '에이'로 읽는 게 당연하다고 이해할 수 있습니다. 이런 식으로요.

Bodyweight /BOD-ee-weyt/   바디웨잇(O)   n 몸무게

Neighbor /NEY-ber/   네이버(O)   n 이웃사람

그런데, 당연한 것 같은 -ei- 모음이 조금 다르게 발음될 때도 있습니다. '에이'가 아니라 긴 '이이-' 발음으로 말이죠. 대체 왜 '에이'가 갑자기 '이이-'로 발음되는지, 그 규칙을 찾으려는 노력은 영어권

에서 심지어 1800년대부터 있었다네요. 하지만 아직 이렇다 할 결론이 나지 않았다고 합니다. 다행인 건 '이이-'로 발음되는 단어 수가 몇 안 되니까 우선 그것만 숙지하는 거로 당분간은 충분해 보입니다. 다음 단어들을 눈여겨보세요.

Receipt /ri-SEET/	리씨-트(○)	리씹트, 리쎄이트(×)	n	영수증
Seize /seez/	씨-즈(○)	쎄이즈(×)	vt	움켜잡다
Foreign /FOR-in/	포린(○)	포레인(×)	adj	외국의
Leisure /LEE-zher/	리-져, 레져*(○)	레이져(×)	n	여가시간

? 음성인식 비서에게 질문해 보기

"Do you speak a foreign language?"

📢 이것도 물어 볼까요

Q1. Can I get a receipt for political donation?
Q2. How do you learn a foreign language?

---

*   예외적인 단어를 설명하면서, 예외 속에 또 예외가 이어지네요. Leisure는 기본적으로 '리-져'라고 읽지만 우리말 발음처럼 '레져'로 읽어도 되는 예외적인 단어입니다.

헷갈려요 ❶:
Corps vs. Corpse

🎤 　잠깐 쉬어 가면서, 지금껏 우리가 학교에서 '절대' 안 배운 발음 몇 가지를 알아볼까요?

우리는 평소에 학교나 교재에서, Tim 하고 Jane 이 학교에 가고, 밥을 먹고, 공놀이를 한다는 문장을 연습합니다. 그러다 보니, 정작 실생활 어휘력에는 구멍이 숭숭 나있기 마련입니다.

예를 들면 이런 경우입니다. 해병대 출신인데, 정작 해병대^{Marine Corps} 발음을 틀리게 하는 겁니다. 대부분이 그렇습니다. 해병대 의 Corps는 사실 p 를 묵음으로 하고 '코어'라고 읽어야 맞습니다. 하지만 대부분 '콥스'라고 읽는데요, 그러면 뜻이 완전히 바뀌어서 Marine Corpse, 그러니까 해병대의 사체^{Dead body}라는 뜻이 되어 버립니다.

Corps   🄽 군단, 부대   /KOHR/

Corpse   🄽 시신, 사체   /kawrps/

    해병대가 종종 언급되는 영어 뉴스라든지 라디오 방송이 있었으면 /콥스/가 틀린 발음인 걸 알았겠지만, 우리는 대개 이런 다양한 단어를 접하지 못하고 맨날 아마존 우림이니 박물관 행사 따위에 관한 토플 듣기 지문 따위에 시달리곤 합니다.

    발음을 잘 하려면, 무엇보다 많이 듣고 접해봐야 합니다. 네이티브는 발음은 잘 하지만 스펠링을 엉망진창으로 쓸 때가 많은데요 (도리어 우리나라 학생들이 스펠링이 더 꼼꼼하고요), 그 이유가 바로 듣고 말하기 빈도에 있습니다. 많이 듣고 접하는 게 적어도 올바른 발음을 익히는 데에 매우 중요하다는 거죠.

Marine Corps /muh-REEN kohr/   머린코어(○) 마린콥스(×)   🄽 해병대

Peace Corps /pees kohr/   피쓰코어(○) 피쓰콥스(×)   🄽 평화봉사단

Colonel /KUR-nl/   커넬(○)   콜로넬(×)*   🄽 대령

Obese /oh-BEES/   오비-스(○) 오베스(×)   adj 비만의

Obesity /oh-BEE-si-tee/   오비씨티(○) 오베씨티(×)   🄽 비만

Diabetes /dahy-uh-BEE-tis/   다여비티스(○) 디아베테스(×)   🄽 당뇨병

Amnesia /am-NEE-zhuh/   앰니져(○)   암네시아(×)   🄽 기억상실증

---

*   게임에도 대령Colonel을 '콜로넬'로 번역해서 쓰는 경우가 종종 보입니다. 잘못된 발음입니다. KFC 할아버지로 잘 알려진 '커넬 샌더스' 아시죠? 바로 '커넬'이 Colonel의 올바른 발음입니다.

06

헷갈려요 ❷:
Pence vs. Fence

🎙️　　미국 도널드 트럼프 대통령과 함께 당선된 부통령 Mike Pence(마이크 펜스)에 대한 보도를 보고 있던 때였습니다. 뉴스 기자가 자꾸 Pence(펜스)를 Fence(휀스)로 바꿔 부르는 것이었습니다. 설마 기자가 p 랑 f 발음이 헷갈려서 그랬을 리 없고, 아마 철조망을 뜻하는 Fence 라는 단어가 더 익숙해서 그런 게 아니었을까요? 아니면 '미국 이름이니까 당연히 f 겠거니' 지레짐작 했을 수도 있겠다 싶습니다.

'나라면 저런 실수 안 할 텐데' 생각하실지 모르지만, 사실 f 발음과 p 발음을 헷갈리는 경우는 은근히 많습니다. 몰라서 그러는 게 아니라, 문장 속에 단어가 섞여 있거나 반복해서 등장하면 혀가 꼬인달까요. 한 번 다음 문장을 말해보세요.

Mike Pence found ⟨Fast & Furious Four⟩ fascinating.

마이크 펜스는 ⟨분노의 질주 4⟩가 엄청 흥미진진하다고 느꼈다.

쉽지 않죠? 성급하지 않게 천천히 읽는 게 중요합니다. 특히 f 와 p 가 동시에 등장하는 단어(예를 들어 'Platform')도 주의를 기울여야 합니다. 자칫하면 Flatform 이나 Platporm 처럼 잘못 발음할 수도 있습니다.

깔끔한 f 발음 팁은, 바로 윗니를 아랫입술에 꽉 붙여 누르는 겁니다. 아랫입술에 이빨 자국이 날 만큼, 침이 튈 만큼 세게 붙일수록 발음이 확실해집니다. 연습해 보세요.

I bought my four-year old a ⟨Frozen⟩ action figure.

우리 네 살배기 애한테 ⟨프로즌⟩ 액션 피겨 사줬지.

My ex-boyfriend walked fast past me.

내 전남친이 내 옆을 아주 빠르게 지나쳐가더라.

I ordered a four-inch roast beef sandwich.

4인치 로스트비프 샌드위치 시켰어.

"How do you fold a pocket square?"

📢 이것도 물어 볼까요

Q1. Do you play the flute?
Q2. Is Vice President Mike Pence pro-life?

07

S 발음:
슈퍼슈프림 피자?!

🎤 　쉬워 보이는데 사실은 잘못 알고 있는 발음을 하나 더 살펴볼까요? 바로 s 발음 입니다.

피자 브랜드 어디를 가든 메뉴에 있는 슈퍼슈프림Super Supreme 피자가 사실 틀린 발음이라면 당황스럽겠죠? 하지만 사실입니다. 원래 발음은 '쑤퍼쑤프림'이거든요.

S발음은 한글의 쌍시옷(ㅆ)처럼 발음하는 게 기본입니다. '슈(sh)'로 발음하는 예외적인 경우는 Sure, Sugar 같은 몇몇 단어뿐입니다. 그 외에는 대부분 알파벳 c 와 똑같게 '쓰(s)'로 발음하는 게 맞습니다.

Supermarket	슈퍼마켓(×)	쑤퍼마켓(○)	n 슈퍼마켓
Siri	쉬리(×)	씨리(○)	n 시리
Series	쉬리즈(×)	씨리즈(○)	n 시리즈
Serious	쉬리어스(×)	씨리어스(○)	adj 진지한

생각해보면 '써머(Summer), 썬(Sun), 씽(Sing)'처럼 평소 주변에서 자주 봐 왔던 단어들의 s 발음도 '쓰' 발음인 게 눈에 들어옵니다. 처음 한국어로 번역이 되었을 때 잘못 들어온 것뿐이지, 사실 슈퍼슈프림 피자는 '쑤퍼쑤프림* 피자였던 거죠.

"s=쓰"라는 법칙의 예외는 앞서 말한 Sugar ('sh'로 발음)라든지, Easy ('z'로 발음) 같은 몇몇 경우가 있습니다. 아, 물론 sh로 적혀있는 발음은 '슈(sh)' 발음이 맞고요. '쉬림프 슈퍼슈프림 피자'는 정확히 하자면 '슈림프 쑤퍼쑤프림 핏짜'가 올바른 발음이겠죠?

❓ 음성인식 비서에게 질문해 보기

"Will you recommend a TV series?"

📢 이것도 물어 볼까요

Q1. I like super supreme pizza.
Q2. Can you be more serious?
Q3. I am getting shrimp from the supermarket.

---

* 다만 외래어표기법에 따르면 쌍시옷을 쓸 수 없기 때문에 '쑤퍼쑤프림'으로 표기할 수는 없습니다.

08

TT 발음:
Matter, Butter, Better

 Matter, Butter, Better.
세 단어의 공통점이 뭘까요?

네, 바로 한국인이 가장 무서워하는 발음 중 하나, -tt- 발음이 들어갔다는 점입니다. '매터, 버터, 베터'가 아니라 '매럴, 버럴, 베럴'로 읽고 싶은데 맘대로 혀가 움직이지 않곤 하죠.

우리는 학교에서 미국식 영어를 배웠고, 미국식 영어에서 '-tter'은 '-터'가 아니라 '-러'였습니다. 하지만 책 앞머리에서 강조했듯이, 우리의 목표는 네이티브를 따라잡는 게 아닙니다. 마음처럼 움직이지 않는 혀로 억지로 네이티브 발음을 흉내 내기보다는 상대가 알아듣기 쉽도록 전달력 높은 깨끗한 발음을 추구해야 합니다.

이제, '매럴'이 아닌 '매터'로 읽어볼까요? 자신감을 갖고 '-tter'은

'-터'로 읽어도 됩니다. 네이티브도 백이면 백 알아듣습니다(시리도 알아들어요!). 그럼 성공입니다.

Butter /BUHT-er/	n	버터
Better /BET-er/	adj	더 좋은
Bitter /BIT-er/	adj	(맛이) 쓴
Babysitter /BEY-bee-sit-er/	n	아이돌보미
Patty /PAT-ee/	n	(햄버거) 패티
Transmitter /TRANS-mit-er/	n	발신기
Twitter /TWIT-er/	n	트위터

? 음성인식 비서에게 질문해 보기

"Do you have a Twitter account?"

TIP 그래도 미국식 '-러' 발음을 꼭(!) 하고 싶다면 한 가지 팁을 알려드립니다. 우리말 발음 '더'를 해보세요. 혀가 윗니 바로 뒤에 오죠? 이때 혀를 더 안쪽(입천장 쪽)으로 가져와서 '더'를 해보면 '러'에 가까운 발음이 됩니다.

📢 이것도 물어 볼까요

Q1. How many calories are in butter?

Q2. What fruit tastes bitter?

Q3. What does a babysitter do?

부록 1

묵음(Silent Syllable)
알아보기

🎤　짐 캐리가 출연한 영화 〈덤앤더머(1994)〉는 명작 중 하나로 꼽힙니다. 얼빠진 캐릭터(Dumb)와 그보다 더 나사 빠진(Dumber) 캐릭터가 등장하죠.

자, 여기서 Dumb이란 형용사를 보면 b발음이 묵음인 걸 알 수 있습니다. '덤브'가 아니라 '덤'이라고 읽으니까요. 더 바보스럽다는 뜻으로 비교급을 쓸 때도 '덤버'가 아니라 '더머'입니다.

생각해보면 알파벳 b는 종종 묵음으로 쓰이곤 합니다. 대표적인 단어로 Debt (빚, 채무)이 있습니다. 마찬가지로 b가 묵음이죠. 저는 금융권에서 일하면서 금융권 종사자인데도 Debt의 b가 묵음인 걸 모르고 '뎁트' '뎁'으로 읽는 분들을 정말 많이 봤습니다. 아쉽지만 이런 발음을 교정하려면 스스로 부지런히 사전을 찾아보고, 남의 발음을 주의 깊게 듣는 훈련이 필요합니다.

| Debt /det/ | 뎃(○) | 뎁트, 뎁(×) | **n** 빚, 부채 |
| Subtle /SUHT-l/ | 써틀(○) | 썹틀(×) | **adj** 미묘한, 미세한 |

여기서 잠깐, '묵음'에 대해 하나 당부하겠습니다. 묵음은 영어로 Silent Syllable, 즉 '발음되지 않는 음절'이라는 뜻입니다. 살짝 약하게 발음하거나 짧게 발음하는 게 아니라, 완전히 소리를 내지 않아야 합니다. 대개 머리로는 b가 묵음인 걸 기억하면서도 정작 눈에 b가 보이다 보니 아주 '미묘하게' b 발음을 섞는 분들이 더러 있는데요. 조금이라도, 어떻게든 발음을 하려는 생각 자체를 없애야 합니다.

참고로 알파벳 b가 묵음인 일상 단어는 생각보다 많습니다. Comb(빗), Lamb(어린 양), Limb(팔다리), Thumb(엄지손가락), Tomb(무덤)* 등. 의외로 이 중에 아는 단어도 많죠? 예를 들어 암호화폐 거래소 빗썸(Bithumb)도 '빗썸브'가 아니라 '빗썸'이니까요.

---

* 안젤리나 졸리 주연 영화, 〈툼 레이더(2001)〉가 '툼브 레이더'가 아니었던 것처럼요.

이렇게 묵음Silent syllable 중에는 이미 우리가 알고 있는 것들도 꽤 많습니다. Could, Would, Should 같은 조동사에서 알파벳 l 은 발음되지 않는 묵음이죠. Half, Walk 같은 단어의 l 도 마찬가지고요.

알파벳 '-lm'으로 끝나는 단어에서도 l 이 묵음인 경우가 많습니다. 이런 식이죠.

Calm /kahm/	캄(○)	칼름(×)	adj	침착한
Palm /pahm/	팜(○)	팔름(×)	n	손바닥
Lip Balm /lip bahm/	립밤(○)	립발름(×)	n	립밤

막상 예시를 보니 어렵지 않죠? 대한항공 멤버십은 '모닝캄', 음료수 '코코팜', 버츠비 '립밤'처럼 우리가 일상에서 이미 알고 잘 발음하던 단어니까요.

묵음을 쉽게 익히는 방법?

묵음의 법칙은 있을까요, 없을까요?

아마 여기까지 공부하신 여러분이면 정답을 바로 맞히실 지도 모르겠습니다. 정답은 '법칙이 있긴 한데 양이 너무 방대하고 예외도 많아서 외울 가치가 없다' 입니다.

묵음의 법칙은 정말 다양합니다. 법칙이 너무 많다 보니 딱히 법칙이 아니라 사례를 바탕으로 '이런 경우 묵음이 되는 것 같다'고 정해 놓은 정도에 불과합니다. 예를 들어 '알파벳 g 는 n 앞에 올 때 묵음이 되곤 한다(예: Design)' 'k 는 n 앞에 올 때 묵음이 되곤 한다 (예: Knife)'는 식입니다. 어쩔 수 없이 '케이스 바이 케이스'로 익혀 야 하죠.

간단히 외울 수 있는 법칙이 없다고 해서 실망하지 않으셨으면 합니다. '덤앤더머' '립밤'처럼 이미 수많은 묵음 사례들이 우리 머릿 속에 있으니까요. 차곡차곡 머릿속 데이터베이스를 늘려 가다 보 면, 어렵지 않게 묵음 사례들을 마스터할 수 있을 거예요.

부록 2

음절이란?

🎤   예전에, 한국에 산 지 십 년쯤 된 호주인 친구가 한국인의 영어 발음을 놀리면서 하던 레파토리가 있었습니다. 한국인은 맨날 '이-마-투!(이마트)' '라-이-쿠(Like)' 라는 식으로 발음한다는 거였습니다. 자기 가게에 오는 한국인 손님들은 감자튀김도 '후-렌-취 후-라-이-즈!'로 발음한다며 놀렸습니다.

처음에는 별 걸 가지고 다 놀린다 싶었죠. 좀 굴리는 발음은 못할 지 몰라도, 이마트를 이-마-투!라고 발음하는 한국인이 누가 있겠나 싶어서 친구한테 핀잔을 줬죠. 한국인이 아니라 딴 나라 손님 받은 거 아니냐면서요.

그런데, 지금 돌아보면 그 친구의 지적이 정말 100% 정확했습니다. 아주 간단한 영어 단어도 네이티브가 고개를 갸우뚱하며 못 알아듣는 거, 예를 들어 미국에 간 한국인이 우유를 달라고 하는데

'밀크(Milk)'를 그렇게 못 알아듣더라는 일화, 이게 바로 친구가 지적했던 발음 문제였습니다. 혀 굴리는 발음도 없는데 '밀크' 발음이 소통이 안 되는 이유, 바로 우리가 음절Syllable; 音節 개념을 제대로 깨치지 못해서인 거죠.

음절 Syllable 이란?

다음 내용은 이 책에서 가장 중요한 내용이라고 해도 과언이 아닙니다. 만약 누가 저한테 딱 30분만 줄 테니, 영어 발음을 개선시켜보라고 명령한다면 저는 1초도 고민하지 않고 바로 '음절'에 대한 강의를 할 겁니다. 그만큼 영어 발음을 이해하는 데 너무나도 중요한 개념입니다.

자, 그럼 보겠습니다.

영어에는 Syllable이라고 하는 '음절' 개념이 있습니다. '박자' 또는 '리듬'이라는 명칭으로 설명되기도 합니다. 발음공부를 하다가 이런 용어가 나오면, 문법적인 용어라고 생각하고 지나치기도 합니다. 하지만 바로 이 '음절' 개념이 한국인의 영어 발음 개선의 핵심 포인트라는 점, 알고 계셨나요?

음절을 제대로 이해하지 못하면 여러 문제가 생깁니다. 분명 옳게 발음했는데도 상대방이 못 알아듣는 황당한 경우가 바로 음절을 잘못 끊어 읽어서 그렇습니다.

Syllable을 영어 사전에서 찾아보면 설명이 꽤나 복잡합니다. '모

음, 이중모음, 또는 소리 나는 자음으로 이루어진 소리의 단위'이
며 이 소리 단위에는 '자음이 앞이나 뒤에 붙을 수도 있고, 붙지 않
을 수도 있다'고 합니다. 없을 수도 있다'고 합니다("an uninterrupted
segment of speech consisting of a vowel sound, a diphthong, or a
syllabic consonant, with or without preceding or following consonant
sounds"). 자잘한 조건을 빼고 중점만 말하자면, 모음이나 모음하고
비슷한 글자로 이루어진 '소리'의 최소 단위라는 뜻입니다.

더 헷갈리기 전에 예시를 들어 볼게요. 아까 얘기한 '밀크' 같은
쉬운 단어의 음절을 세어 보겠습니다. 우리말로는 두 글자로 이루
어져 있는데요. 영어로는 모음(또는 모음처럼 소리가 나는 자음)을 기
준으로 세니까 이게 한 글자(1음절) 단어가 됩니다.

한글: '밀' + '크' = 2글자

영어: '밀ㅋ' = 1글자

'읽다'에서 '읽'이라는 글자가 ㄱ(자음) + ㅡ(모음) + ㄺ(자음 겹받침)
으로 이루어진 것처럼, '밀크'는 m(자음) + i(모음) + lk(자음 겹받침)으
로 이루어진 한 글자 단어인 셈이죠.

어떤가요? 한국인의 '밀크' 발음이 제 호주인 친구 귀에는 '밀-쿠!'
로 들리는 이유가 이해되시나요? 뭔가 조금 짐작은 간다 싶으면 우
선 성공입니다. 실제 예를 더 들어 볼 테니 집중해주세요.

음절이 달라봐야 얼마나 다르다고…

우리말로는 두 글자지만 영어로는 한 음절. 이 차이가 크지 않다고 느낄 수 있습니다. 하지만 바꿔 생각해보면 그렇지 않습니다.

한국에 사는 외국인 친구가 있다고 해볼게요. 그 친구가 한국어의 글자 개념을 잘 이해하지 못해서, 글자 수를 늘려서 말하곤 한다고 칠게요. "근데 말이야, 오늘…" 이라고 말할 때 '근데'는 두 글잔데, 이걸 세 글자로 늘려서 '그-운-데' 라고 발음했더라면 우리는 잘 알아들을 수 있을까요?

'그운데'라고? 그운데가 뭐지? 그른 데? 구운 데? 이러면서 헷갈릴 겁니다. 여러 번 겪다 보면 나중에야 '근데'라고 알아듣겠죠. 하지만 처음 이야기를 나눌 때는 영 말이 안 통할 거예요.

음절 하나의 차이는 이렇게 엄청나게 큽니다. 우리말에서 '글자' 단위가 달라지면 다른 단어가 되듯이, 영어에서도 소리 단위인 '음절' 수가 달라지면 거의 다른 단어 수준으로 변한다는 걸 기억해야 합니다.

'스트레이트(straight)'가 영어로 1음절?!

음절은 기본적으로 '소리의 단위'입니다. 音節(음절) 한자만 보아도 소리 음에 끊을 절, 그러니까 소리가 끊어지는 단위니까요. 우리말로 치면 글자 하나와 얼추 들어맞습니다.

하지만 우리말로 영어를 받아 적을 때 글자 차이가 나곤 합니다. 대부분의 경우, 영어로는 1음절(소리 하나)인데 우리말로 받아 적을 때 2, 3글자가 되곤 합니다. 이런 식으로요.

한글: 네트워크(4글자)

영어: Net + Work (2음절)

우리말로는 네트워크 네 글자 단어죠? 하지만 영어로는 '넽(net)' + '웤(work)' 라는 두 음절의 조합입니다. 모음 기준으로 세보면 명확합니다.

지나가다 발견한 건물입니다.
Park는 우리가 흔히 옮겨 쓰듯 '파크'가 아니라 1음절 단어입니다. 'HI-PARK'를 '하이팍'으로 표시한 건물주께서는 영어 음절을 잘 이해하고 계신 분 같습니다.

첫음절 'net'은 (자음-모음-자음)으로 이루어져 있습니다. 두 번째 음절 'work' 역시 (자음-모음-자음-자음)으로 한 글자인 셈이고요. 자음이 둘이지만, 우리말 겹받침처럼 -rk가 가 하나의 받침처럼 발음됩니다. 따라서 'network'이라는 단어는 2음절로 구성된 단어입니다.

Network /NET-wurk/　　n 네트워크

우리말 기준으로 4글자, 영어로는 2음절이니 총 2글자 차이가 나네요.

그럼, 우리말의 글자 수와 영어의 음절 간 차이가 더 벌어질 수도 있을까요? 아무래도 우리말 글자 수와 영어 음절 수가 차이가 더 나면 네이티브가 못 알아들을 확률이 높아지겠죠.

1자 차이	Small	우리말 2글자('스몰')	vs.	영어 1음절 /smawl/
	Package	우리말 3글자('패키지')	vs.	영어 2음절 /PAK-ij/
2자 차이	Reached	우리말 3글자('리치드')	vs.	영어 1음절 /reecht/
	Network	우리말 4글자('네트워크')	vs.	영어 2음절 /NET-wurk/
3자 차이	Ground	우리말 4글자('그라운드')	vs.	영어 1음절 /ground/
	Diamond	우리말 5글자('다이아몬드')	vs.	영어 2음절 /DAHY-muhnd/

보다 극단적인 차이가 나는 경우도 있습니다.

4자 차이	Straight	우리말 5글자('스트레이트')	vs.	영어 1음절 /streyt/
	Placed	우리말 5글자('플레이쓰드')	vs.	영어 1음절 /playst/

한글로 5글자가 영어로 1음절. 같은 단어를 읽는데 우리말 발음과 영어 발음 사이에 4글자나 차이가 난다면 거의 다른 단어처럼 소리 난다고 생각해야 합니다. 우리가 읽는 단어를 네이티브가 자꾸 못 알아듣는다면, 이렇게 극단적으로 음절 수 차이가 나서 그런 경우가 많습니다. 그래서 우리가 'I placed the package on the ground.' 같은 문장을 말할 때 딱히 엄청 어려운 단어도, 굴리는 발음도 없는데도 상대방이 잘 알아듣지 못하는 거죠.

음절은 박자다

음절은 박자와 비슷해서, 끊어 읽는 소리의 기준이 됩니다. 박자에 강약 중강약이 있듯이, 영어 단어에서도 어떤 음절에는 강세가 주어지죠. 엑센트(강세)가 놓이는 음절은 '강'박자, 나머지는 '약'박자가 됩니다. 그럼 1음절 단어는? 강약 셀 것 없이 1박자로 짧게 끊어 읽으면 됩니다. 'My hand reached hers.'에서 'reached' 같은 발음이 (한국인인)우리에게 정말 어렵죠. '리치드'에서 '리-'는 긴 모음으로 발음해야 하는데, 장모음 끝에 겹받침('ㅊㅌ')까지 붙여 놓고 그걸 딱 한 박자에 읽어야 하니까요. '리-ㅊㅌ' 처럼요.

하지만 거듭 강조할 수밖에 없습니다. 우리는 음절 개념을 잘 익히고, 꾸준히 연습해야만 합니다. 글자 수가 다른 단어를 우리가 동일한 단어로 인식하지 않듯이, 네이티브도 음절을 지키지 않은 단어를 알아듣는 데 어려움을 겪기 때문이죠.

음절을 세는 기준과 법칙이 있기는 합니다. 하지만 모든 법칙이 그렇듯, 예외도 많다 보니 외우려고 애쓸 필요는 없습니다. 대략적으로 모음 하나가 한 음절이라고 생각하고, 더 궁금하면 웹사이트를 참고하면 됩니다. 'count syllable'로 검색하면 여러 사이트가 나오는데요[*], 예를 들어 다음 사이트에서는 음절 개수도 세주고, 기본적인 단어들은 음절을 떼어 읽는 녹음 소리도 들려줍니다.

"How Many Syllables"   사이트 주소: www.howmanysyllables.com
"Syllable Counter"   사이트 주소: https://syllablecounter.net

우리말로 모음 하나당 글자가 하나이듯이, 영어로도 모음 하나를 기준으로 한 음절이 이루어진다는 기본 개념을 바탕으로 자연스럽게 발음하는 연습을 하는 것으로 충분합니다.

---

[*] 이런 사이트들은 영어 학생을 위해서 존재하기도 하지만, 시나 노래 가사를 쓰는 사람들의 참고 자료 역할을 하기도 합니다. 한글로 운율을 맞추려면 글자 수를 세면 되지만, 영어는 알파벳 갯수와 음절(소리)간의 관계가 딱 정해져 있지 않다 보니, 음절을 세는 게 쉽지가 않은 거죠.

부록 3

과거형을
제대로 발음해보자

🎤 　음절 개념을 확실히 깨쳤는지 확인하는 가장 좋은 방법, 동사의 '과거형'입니다.

대부분 동사는 과거형으로 만들 때 뒤에 '-ed'를 붙이죠? Play는 Play**ed**로, Walk 은 Walk**ed** 처럼요.

이때 '-ed'가 한 음절일까요? 앞서 음절은 대개 모음을 기준으로 센다고 했으니 한 음절이라고 생각할 수도 있지만 사실 여기서 e 는 묵음입니다. Played는 '플레이-에드'가 아니라 '플레이드'이니까요. 말하자면 d 만 더해져서 'ㄷ' 또는 'ㅌ' 받침만 남는다고 봐야 합니다.

매쉬 포테이토Mashed Potatoes로 연습해 보겠습니다. 메뉴판에는 보통 매쉬 포테이토라고 적혀 있곤 하지만 사실 표준어는 '매시트 포테이토'입니다. '으깨다'라는 동사인 Mash의 과거형이니까

Mashed 라고 쓰고 우리말로는 '매시트'라고 쓰는 건데요. 앞서 배운 음절 개념을 적용해서 모음을 세보면 a 하나입니다(과거형 -ed에서 e는 묵음이니까요). 즉, 우리 표준어로는 '매시트' 세 글자이지만, 영어로는 1음절로 /맸/처럼 발음되는 거죠.

Mashed Potatoes	표준어 발음	매시트 포테이토
	영어 발음	맸 포테이토

결국, 과거형을 제대로 발음하려면 '-ed' 같은 어미를 한 음절로 발음하지 않고 받침 자음만 하나 더한다고 생각하고 발음하는 게 중요합니다. Pull 은 Pulled 가 되어도 1음절이고, Clean 은 Cleaned가 되어도 1음절입니다. Move 는 Moved가 되어도 마찬가지로 1음절이고, Watch 는 Watched 가 되어도 1음절입니다. 신기하지 않나요? 지금껏 우리가 별도의 한 음절이라고 생각했던 게 사실은 자음 하나였다는 게요.

	현재형	과거형
짐 싸다	Pack(1음절)	Pack**ed**(1음절)
옮기다	Move(1음절)	Mov**ed**(1음절)
흘깃 보다	Glimpse(1음절)	Glimps**ed**(1음절)
일하다	Work(1음절)	Work**ed**(1음절)
닫다	Close(1음절)	Clos**ed**(1음절)

음절을 연습할 때, 손바닥으로 박수 치면서 연습하는 방법을 추천합니다. 음악 시간에 강약 중강약 박수로 박자 세듯, 박수 한 번이 한 박자(=음절)라고 생각하면 됩니다.

Move (1음절=1박자), 우리말로는 '무브' 두 글자

Mov**ed** (1음절=1박자), 우리말로는 '무브드' 세 글자

Play는 세 글자인 줄 알았지만 사실은 1음절이니 박수 한 번, 과거형으로 바꿔도 Played 라고 써도 여전히 1음절이니 박수 한 번에 맞춰서 읽는 연습을 해볼까요? '플레이드' 네 글자라고 생각했던 걸 한 박자에 발음하는 연습을 하다 보면 우리가 지금까지 과거형 동사*를 얼마나 길게 늘여서 발음해왔는지 새삼 깨달을 수 있습니다.

---

* 동사의 과거형에는 예외가 많습니다. Sleep의 과거형이 Sleeped가 아니라 Slept 인 것처럼 형태가 달라지기도 하고, 아니면 방금 배운 대로 똑같이 '-ed' 어미를 붙이고는 묵음이 아니라 1음절로 발음하기도 합니다(일례로, Paint의 과거형 Painted는 'Paint(1음절)' '-ed(1음절)'이 합쳐져서 '페인티드/PEYN-tid/'가 됩니다. 합쳐서 2음절이죠).
지금부터 다 외우려고 하지 말고, 우선 음절 개념을 이해하고 가장 기본적인 과거형의 '-ed' 발음 연습에 집중하는 게 좋을 것 같습니다. 음절을 이해하고 나면 예외 단어들은 개념을 활용해서 적용하면 되니까요.

발음을 잘한다는 것은 여러 가지를 의미합니다. TOEFL 스피킹을 준비하는 학생이라면 점수가 잘 나오는지가 기준이 될 거고, 영어를 사용하는 친구와 대화하는 사람이라면 내 말을 친구가 잘 알아듣는지가 기준이 되겠죠.

하지만 발음의 일차적 목표는 언제나 상대방이 나의 의사 표현을 알아듣도록 하는 것입니다. 발음은 최대한 명확해야 하고, 상대방이 헷갈릴 만한 비슷한 발음은 잘 구분해서 발음하는 훈련이 필요합니다.

헷갈리기 쉬운 발음, 우리에겐 조금 까다로운 발음은 연습을 통해 금방 교정 가능합니다. 앞서 발음 기초 체력을 키웠으니, 이제 조금 더 '알쏭달쏭'한 심화 발음을 연습해보겠습니다.

Chapter 4.
까다롭지 않아요,
심화 발음편

01
L 발음 ❶:
크로바 vs. 클로버

🎙 '네잎크로바'라는 단어 들어보신 적 있으신가요? 원래 발음은 클로버Clover지만, 나이 지긋하신 분들은 '크로바'라고 읽는 게 일반적이었습니다. ㄹ받침이 탈락하는 이런 현상은 일본어식 영어의 잔재라는 의혹이 있지요. 화장지 브랜드 '브론디Blondy' 라든지, '후렌드리Friendly' 같은 발음에서도 같은 현상이 관찰됩니다.

일부 어르신들만 그렇겠거니 웃어넘기기 전에 여러분이 하나 기억할 점이 있습니다. 우리의 ㄹ발음과 달리, 영어의 L발음은 ㄹ이 두 개라는 점입니다. (앞글자의 ㄹ받침) + (뒷글자의 ㄹ초성)"인 셈이죠. 다시 말해 "L=ㄹ"이 아니라, "L=ㄹ+ㄹ"입니다.

Playing field	**n** 놀이터
	플레잉 필드(정확한 L발음대로 ㄹ 두 개를 발음 시)
Praying field*	**n** 기도하는 벌판
	프레잉 필드 (ㄹ 하나만 발음하면 '플레이'가 'Pray(프레이)'로 들린다)

제대로 된 L 발음은 우리말 ㄹ 발음보다 훨씬 강합니다. '플레이'와 '프레이' 발음을 비교해보면 혀 끝이 위 앞니 뒤를 누르는 강도에서 차이가 납니다. '플'일 때 더 세게 누르죠. 놀이터가 기도회관이 되지 않도록 주의해서 발음해야 합니다.

Clover	/KLOH-ver/	**n** 클로버
Friendly	/FREND-lee/	**adj** 친절한
Blonde	/blond/	**adj** 금발의

그럼, 단어 첫 글자가 알파벳 L 일 때는 어떻게 읽을까요? 앞서 27페이지에서 본 조선시대 영어교재 기억나시나요? Learn을 '을러언'이라고 한글로 적어놨었죠. L은 기본적으로 ㄹ 두 개(앞글자 받침+뒷글자 초성)로 이루어져 있는데, 앞글자 없이 L로 바로 시작하는 단어의 경우 마치 그 앞에 글자가 하나 있었던 것처럼 '을'을 붙여주는 겁니다. 그렇게 해서라도 '앞글자 받침'을 살려주는 거죠.

---

* 반기문 전 UN사무총장의 발음을 듣다 보면 유난히 L발음에 약한 게 눈에 띕니다. 대다수 한국인처럼, '플레이(Play)'를 '푸레이(Pray)'로 발음하는 경향이 관찰됩니다.

Love	/luhv/	'을러브'	n 사랑
Lobster	/LOB-ster/	'을랍스터'	n 랍스터
Desk lamp	/desk lamp/	'데스크 을램프'	n 책상 스탠드
Brown lion	/broun LAHY-uhn/	'브라운 을라이언'	n 갈색 사자
Good luck	/good luhk/	'굳 을럭'	n 행운

02

L 발음 ❷:
www.발음.com

🎤　앞서 '정확한 L 발음이란 뭘까?'를 알아봤습니다. 앞글자에
ㄹ받침이 있는 것처럼 혀끝을 꾸욱 올려붙이는 게 포인트죠. 종종
발음책에서 소개하듯이, '을-'이 단어 앞에 붙어있다고 상상하면서
연습해도 좋습니다. 그냥 라이언Lion이 아니라 '을-라이언'이라고
발음하면 그만큼 L 발음이 선명해집니다.

　충분히 이해가 되었으면 이제 실전 L발음도 익혀야겠죠? 실전
발음을 익히는데 효과만점인 단어가 있습니다. 비영어권 외국인이
라면 누구나 쩔쩔매는, 하지만 그 누구도 피해갈 수 없는, 바로 홈
페이지 주소 URL 앞에 붙는 www. 읽기 연습입니다.

　'알파벳 L이 하나도 없는데 어떻게 L 연습을?' 하시는 분들 계실
지 모르겠네요. 뜯어보면 w 라는 알파벳은 u가 '더블'로 겹쳐져 있
다는 의미에서 '더블류Double U'로 이름 지어졌습니다. 그러니까

www 가 붙은 홈페이지 주소는 이런 식으로 읽게 됩니다:

www.apple.com

읽는 방법: "Double U, double U, double U, dot apple dot com"

? 음성인식 비서에게 질문해 보기

> **"Please open
> www.google.com"**
>
> **TIP** '떠블류 떠블류 떠블류'라고 읽고 별로 안 어려운데? 하시는 분들이 계실 겁니다. 맞습니다. 우리말로는 된소리(ㄸ)발음이 L 발음과 혀의 위치가 비슷해서 쉽습니다. 하지만 '떠블'이 아니라 영어식으로 '더블'이라고 읽으면 곧바로 이어지는 L 발음이 금세 망가지곤 합니다. 된소리(ㄸ)가 아닌 예사소리(ㄷ) 뒤에 이어지는 L 발음은 혀의 위치를 옮겨줘야 하는데, 그게 어렵거든요. 그래서 흔히 '다브류-'처럼 ㄹ 받침을 빼먹게 됩니다.
> 해결 방법은? 천천히, 여러 번 읽으면서 연습하면 됩니다! 알파벳 L 발음에서 앞글자의 ㄹ받침은 필수라고 말씀드렸죠? '더블' '-ㄹ류' '더블' '-ㄹ류'로 떼어서 천천히 연습하는 게 효과적입니다*.

---

* 고난이도 연습을 해보고 싶으시다면 레슬링 단체인 WWE 홈페이지 주소가 적격입니다. 시리에게 'Hey Siri, please open www.wwe.com'을 부탁해보면 되겠죠?

03

헷갈려요 ❶:
Tim vs. Team

🎤   한국말에도 장음과 단음이 있습니다. 긴 발음과 짧은 발음
이죠. 예를 들어 '많이'에서 '많'은 장음입니다. 하지만 둘째 음절에
'많'이 위치한 '수많은' 이라는 단어에서는 단음이 됩니다. 눈보라 할
때의 '눈Snow'는 장음이지만 내 얼굴의 '눈Eye'은 단음이고, '말Word'
은 장음, 달리는 '말Horse'은 단음입니다. 평소에 구분해서 쓴 적은
한 번도 없는 듯한데, 당황스럽게 느껴질 수 있습니다.

  하지만 영어에서는 다릅니다. 긴소리와 짧은소리를 꼭 구분해서
써야 합니다. 우리말처럼 생각하고 대충 그게 그거라고 생각하면
안 됩니다. 왜냐하면 길이에 따라 단어 뜻이 변하기 때문입니다.

<긴소리>

Team /teem/	n 단체, 팀	
Feeling /FEE-ling/	n 느낌	
Leave /leev/	vt 떠나다	
Seek /seek/	vt 찾다	

<짧은소리>

Tim /tim/	n 팀(이름)	
Filling /FIL-ing/	n (음식 안)소, 내용을	
Live /liv/	vi 살다	
Sick /sik/	adj 아픈	

I put a lot of <u>feeling</u> into it.   내가 완전 감정을 담아서 했어.

I put a lot of <u>filling</u> into it.   내가 완전 앙금을 잔뜩 넣었어.

Do you want to <u>leave</u>?   너 갈래?

Do you want to <u>live</u>?   너 살고 싶니?

Where is my <u>team</u>?   우리 조원 어디 갔지?

Where is my <u>Tim</u>?   내 사랑 팀 어딨어?

❓ 음성인식 비서에게 질문해 보기

"What did Trump tweet
   today?"

TIP 긴 발음이든 짧은 발음이든, 기본적으로 영어의 '이' 발음은 우리말 '이' 발음을 할 때보다 더 크게 옆으로 입을 벌려야 합니다. 말하자면 'yi'라는 글자를 읽듯이 혓바닥을 입천장에 더 가까이 가져오고 양 입꼬리를 옆으로 쭉 벌린다는 느낌으로 발음하면 됩니다.

📢 했것도 물어 볼까요

Q1. Where is my team?
Q2. Where do you live?
Q3. Will you leave me?

04

헷갈려요 ❷:
Sixteen vs. Sixty

🎤 　"I am sixteen going on seventeen, innocent as a rose(난 열여섯, 곧 열일곱이 돼. 장미처럼 순수해)."

다들 영화 〈사운드 오브 뮤직(The Sound of Music)〉 보셨나요? 자그마치 1965년도에 나온 영화인데, 워낙 유명하고 노래가 좋습니다. 우리나라 사람도 잘 아는 도레미 송, 에델바이스, 다 이 영화에서 나왔죠. 그중에 썸을 타는(!) 커플이 부르는 노래, 「Sixteen Going On Seventeen」이 있습니다. 이제 곧 열일곱이 될 여자친구와 그의 남자친구가 부르는 노래예요.

노래에 나오는 Sixteen과 Seventeen은 강세 위치가 아주 매우 중요한 단어입니다. 학교에서 많이 배우셨을 거예요. 강세가 뒤에 가면 '식스틴(16)', 강세가 앞에 오면 '식스티(60)' 이기 때문입니다. 자칫 헷갈려서 강세를 잘못 두면, 「Sixty Going On Seventy(난 예순, 곧 칠순이 돼)」라는 노래가 되어 버립니다. 그만큼 강세가 중요하겠죠.

〈강세가 앞에 오는 경우〉	〈강세가 뒤에 오는 경우〉
Thirty(30) /THUR-tee/	Thirteen(13) /thur-TEEN/
Forty(40) /FAWR-tee/	Fourteen(14) /fawr-TEEN/
Fifty(50) /FIF-tee/	Fifteen(15) /fif-TEEN/
Sixty(60) /SIKS-tee/	Sixteen(16) /siks-TEEN/
Seventy(70) /SEV-uhn-tee/	Seventeen(17) /SEV-uhn-TEEN/

? 음성인식 비서에게 질문해 보기

"What is sixteen plus sixty?"

TIP 이번 연습은 좀 식상하고 내용이 쉽게 느껴질 수 있어요. 하지만 그거 아시나요? 대부분 한국인이 머리로는 아는데, 막상 문장을 말할 때는 식스티고 식스틴이고 정신없이 강세를 섞어 쓰는 경우가 너무나 많습니다. 문장과 문법에 정신을 뺏기는 거죠.

📢 이것도 물어 볼까요

Q1. Are you sixteen years old?
Q2. Who is seventy years old?
Q3. What is fifty plus five?

05

아이티(Haiti)를
발음해보자

🎤　　이번엔 국가명만 모아서 살펴보겠습니다. 우리는 한자 문
화권에 속해 있다 보니 한자음으로 표기된 국가명을 들여오기도
했고, 때로는 번역이나 표기 방법에 한계가 있어서 원래 발음과 다
른 명칭을 쓰기도 했습니다. 영어 국가명이 우리말과 확연히 차이
가 나는 대표적인 경우 몇 가지를 소개해볼까요?

국가명	한국식 발음	실제 영어 발음
India /IN-dee-uh/	인도	인디어
Belgium /BEL-juhm/	벨기에	벨점
Vietnam /vyet-NAHM/	베트남	비엣남

　　이런 식이죠. 한글 표기 기준으로는 인도, 벨기에, 베트남이 맞는

말이지만 영어로 그렇게 발음하면 상대방이 잘 알아듣지 못하는 걸 알 수 있습니다. 한글 표기법에는 맞을지 몰라도, 실제로 영어로 발음할 때에는 확연하게 발음이 차이 나는 국가명 몇 가지를 더 소개하겠습니다. 꼭 한 번씩 소리 내어 읽어보세요.

Haiti /HEY-tee/	아이티(×)	헤이티(○)
Switzerland /SWIT-ser-luhnd/	스위스(×)	스윗쩔런드(○)
Singapore /SING-guh-pawr/	싱가포르(×)	싱가포어(○)
Uruguay /YOOR-uh-gwey/	우루과이(×)	유루괘이*(○)
Philippines /FIL-uh-peenz/	필리핀(×)	필리핀즈(○)
Netherlands /NETH-er-luhndz/	네덜란드(×)	네덜란즈(○)

그리고 마지막으로 하나 더, 한국인이 많이 헷갈리는 나라인 호주와 오스트리아의 경우 강세의 위치를 확실히 구분해야 합니다. 호주를 뜻하는 오스트레일리아Australia는 중간에 강세가 와서 /aw-STREYL-yuh/로 읽고, 모차르트를 비롯해 수많은 음악가를 배출한 나라인 오스트리아Austria는 앞에 강세가 와서 /AW-stree-uh/로 읽습니다.

사실 나라 이름이라는 게, 그 나라 언어로 발음하면 또 다르기 때문에(우리만 해도 우리말로 '한국'이 영어로 '코리아'인 것처럼요) 옳고 그름을 따지기 쉽지 않습니다. 다만 우리는 영어를 공부하고 있으니까,

---

* 마찬가지로 Uganda는 유간더(yoo-GAN-duh)로 발음됩니다. 우간다가 아니라요.

영미권 네이티브 발음 기준으로 배우는 것뿐이죠.

국가명 발음은 종종 변하기도 합니다. 예를 들어 십몇 년 전에는 뉴스에서 이란과 이라크를 '아이랜(ahy-RAN)' '아이래크(ahy-RAK)' 라고 발음하는 경우가 많았습니다. 하지만 요새 대세는 '이란(ih-RAHN)' '이라크(ih-RAHK)'입니다. 인식이 변하면서 발음도 조금씩 변할 수 있으니 다른 사람은 보통 어떻게 발음하나, 신경 쓰는 게 중요하겠죠?

? 음성인식 비서에게 질문해 보기

"How far is Vietnam?"

📣 이것도 물어 볼까요

Q1. Have you been to Indonesia?
Q2. Where is Uruguay?
Q3. Who is the president of Haiti?

06

마운틴 듀(Mountain Dew)를
발음해보자

 실제 있었던 일이라며 어딘가에 소개된 에피소드입니다.

미국 어느 가게에 먹을 걸 사러 간 주인공 옆에 어떤 미국인이, "Do you have mandoo?"라고 묻더라는 겁니다. '여기서 왜 만두를 찾지?' 주인공 머릿속이 온통 혼란스러운 그때, 점원이 불쑥 내밀더랍니다. 마운틴 듀Mountain Dew 음료수를요.

'마운틴 듀'가 네이티브 발음으로는 '마운-듀'에 가깝더라는 일화인데요. 뭐, 미국식 영어를 생각하면 맞는 말입니다. 민망하지만 '-tain'은 '-으은'처럼 발음해야 하죠. 다만, 미국을 벗어나면 이야기가 달라집니다. 미국식으로 '-으은'이라고 읽을 필요 없이, 글자 그대로 '마운틴'으로 읽어도 전혀 문제없습니다. 그러니까 그동안 Mountain('마운은')이나 Curtain('컬은') 발음을 고민해왔다면 이제 그 부담을 살포시 내려놓으셔도 됩니다.

증명해볼까요? 시리가 과연 미국식이 아닌 발음도 잘 알아듣는지 확인을 해보면 되겠죠. 다음 단어들을 비교해가며 발음해보면 금방 알 수 있습니다.

영어로 -tain 또는 -ten 으로 끝나는 대표적 단어는 다음과 같습니다.

	미국식	일반 발음	잘못된 발음
Mountain /MOUN-tn/	마운은	마운**튼**	마운테인(×)
Curtain /KUR-tn/	컬은	컬**튼**	컬테인(×)
Certain /SUR-tn/	썰은	썰**튼**	썰테인(×)
Straighten /STREYT-n/	스트레잇은	스트레이**튼**	스트레이텐(×)
Threaten /THRET-n/	쓰렛은	쓰렛**튼**	쓰렛텐(×)

? **음성인식 비서에게 질문해 보기**

"What is the highest mountain in Korea?"

TIP 미국식으로 꼭 읽어보고 싶으시다면 팁을 드립니다. 미국식 '-tain'이 우리말 '은' 발음과 다른 점이 하나 있습니다. 우리말로 '은'을 발음할 때는 혀의 끝부분만 앞니 뒤를 살짝만 터치하고 떨어지죠? 이걸 미국식으로 바꾸려면 혓바닥 안쪽까지 전체를 입천장에 눌러 붙이면서, 두겹턱을 만들 듯 턱을 내려줍니다. 입을 더 닫고 턱을 꾹 내리면 Mountain의 미국식 발음에 한결 가까워집니다.

📢 이것도 물어 볼까요
Q1. What does 'threaten' mean?
Q2. Are you certain?
Q3. How do you straighten hair?

07

AU 발음:
Because

🎤 　　소위 '어르신'들의 영어 발음 패턴이라는 게 있습니다. 앞서 배운 '후렌드리(Friendly)' '크린(Clean)'처럼 받침이 허성한(?) 발음도 그렇지만 '비코우즈(Because)'처럼 '오우' 발음을 강조하는 패턴도 종종 눈에 띕니다. 스펠링으로 치자면 -au- 라는 복합 모음인데요, 실제 발음은 '오우'라기보다 목구멍 깊은 곳에서 나오는 '어' 발음입니다.

　　-au- 라는 모음은 우리가 '커피(Coffee)'할 때 '커' 발음하고 같은 발음입니다. '커피'라고 하지 '코우피'라고 하지 않잖아요? '어' 발음이긴 한데 토할 때처럼 좀 더 목구멍 깊이에서 솟아오르는 깊은 '어' 발음이라고 생각하면 됩니다.

Because /bih-KAWZ/   [conj] 왜냐하면, ~때문에

Fault /FAWLT/   [n] 잘못, 책임

Pause /PAWS/   [n] 임시 정지

Assault /uh-SAWLT/   [vt] 공격을 가하다

Cautious /KAW-shuhs/   [adj] 신중한

(?) 음성인식 비서에게 질문해 보기

"Can you play 'Because you loved me'?"

TIP 깊은 '어' 발음이 잘 안 와 닿는다면 아주 간단한 방법이 있습니다. 목젖을 손가락으로 눌러보면 '어억'하고 헛구역질이 나죠? 바로 그게 깊은 '어' 발음입니다. 배가 쑥 들어가고, 혀뿌리가 목젖으로 올라붙는 그 느낌으로 소리 내면 됩니다.

📢 이것도 물어 볼까요

Q1. How do you spell 'Cautious'?
Q2. What is an assault weapon?
Q3. Whose fault is global warming?

AL 발음:
Medical

🎙️ 　깊은 '어' 발음을 배우는 김에, 한 걸음 더 들어가 보겠습니다.

　제가 사는 동네에는 수십 년 된 작은 병원이 있습니다. 조그만 상가 건물을 차지하고 있는 이 병원의 이름은 '메디칼 센터'입니다. 1층에 있는 약국 이름도 덩달아 '메디칼 약국'이고요.

　하지만 -al- 이라는 발음은 '아'가 아니라 깊은 '어' 발음과 동일합니다. '메디칼'이 아니라 '메디컬'이 맞는 발음이죠.

　메디칼/메디컬(Medical), 인테그랄/인테그럴(Integral), 포탈/포털(Portal). 옛날에 비해 조금씩 바뀌고 있지만, 영어를 우리말로 적을 때 흔히 혼용되는 사례들입니다. 예전에는 '-al'로 끝나는 단어를 문자 그대로 '-알'이라고 썼지만, 이제는 알고 보니 '-얼'이 옳은 발음인 걸 깨달아 가는 중이랄까요. 이제 옳은 발음으로 연습을 좀 해봐야겠죠?

Medical /MED-i-kuhl/	메디컬(○)	메디칼(×)
Critical /KRIT-i-kuhl/	크리티컬(○)	크리티칼(×)
Viral /VAHY-ruhl/	바이럴(○)	바이랄(×)
Minimal /MIN-uh-muhl/	미니멀(○)	미니말(×)

(?) 음성인식 비서에게 질문해 보기

"What is 'minimal living'?"

TIP 흔히 '딜(Deal)'이라고 읽는 단어 속에도 알고 보면 -al- 발음이 숨어있습니다. 그냥 '딜'이 아니라, 사실은 '디(de-)'와 '얼(-al)'이 합쳐진 발음이기 때문입니다. 만약 나의 '딜' 발음을 상대방이 잘 알아듣지 못하는 것 같으면, 깊은 '어' 발음을 생각하면서 '디얼'로 발음해보세요. 훨씬 더 정확한 발음에, 상대방이 알아듣는 확률이 확 올라갑니다.

📢 이것도 물어 볼까요

Q1. Where can I get medical checkup?
Q2. How do I open a PayPal account?
Q3. Who started viral marketing?

09

G 와 Z를
구분하는 법 ❶

🎤 아, 정말 비상입니다. 알파벳 g 와 z 발음 구분이 어렵다는 분들이 정말 많습니다. 다 큰 어른들도 어려워하기는 마찬가지네요. 영어 중에서는 r 발음 굴리는 게 가장 어려운 줄 알았는데, 의외로 g 와 z 에서 좌절하는 분들이 매우 많습니다.

그래서 이번엔 g 와 z 발음을 제대로 구분하는 방법을 최대한 잘 설명해보겠습니다. 텍스트로 적다 보니 설명이 완벽하지는 않을지 모릅니다. 그래도 어느 정도 '감' 잡는데 확실히 도움이 될 거라고 믿습니다.

우선 g 발음의 특징을 보겠습니다. 우리말로 옮겨 쓸 때는 지읒 (ㅈ)을 쓰지만, 그렇다고 "g=ㅈ"라고 할 수는 없습니다. 발음할 때 혀의 위치가 다르기 때문입니다.

ㅈ 발음: 혀끝이 위/아랫니 사이쯤을 톡, 치면서 발음(예: '지치지도
     않니?')
G 발음: 혀끝이 아랫니 잇몸보다 더 밑에 들어간 상태에서 발음
     (예: Giraffe /juh-RAF/)

알파벳 g 발음을 할 때는 혀끝이 아랫니 잇몸 저 아래 설소대* 시
작점에 '수납'된 상태가 됩니다. 그리고 혀 가운데가 불쑥 솟아 입천
장에 올라붙고요. 그게 바로 g 발음**입니다.

우선 g 발음을 좀 더 연습해보고, 그 다음에 z 발음으로 넘어갈
게요.

Emergency /ih-MUR-juhn-see/   n 비상, 비상사태

Ginger /JIN-jer/   n 생강

Genome /JEE-nohm/   n 게놈(실제 발음은 '지놈')

Giraffe /juh-RAF/   n 기린

Vegetable /VEJ-i-tuh-buhl/   n 채소

아직 잘 모르겠다면, 다른 방법도 시도해 볼까요? 먼저 '을' 이라
고 해보세요. 혀가 위/아랫니 사이에 붙을 텐데요, 그 혀끝을 계속

---

*   혀끝을 아랫니에서부터 쭉 내리다 보면 잇몸을 지나 움푹 파인 살과, 가운데를 가르는 혀뿌리 막이
   있습니다. 혀가 더 잘 굴러가게 한다고 이 설소대를 자르는 수술이 한때 유행이었다는 얘기도 있죠.

** 또 하나. 날카로운 분들은 눈치채셨을지도 모르겠는데요, g 발음은 사실 j 발음과 똑같습니다(!). 알
   파벳 발음기호로 보면 다 j 로 쓰여있죠? 발음 표준기호로 [dʒ] 이렇게 생긴 발음이에요. 이번에 연습
   한 g 발음 그대로 주스(Juice)라든지, 점프(Jump) 같은 단어 발음을 연습해도 좋습니다.

강조한 대로 아랫니 잇몸보다 저 아래, 말랑한 살이 있는 데까지 끌어 내려볼게요. 그 상태에서 '쥐'를 발음하면 그게 바로 정확한 g 발음입니다. 여러 번 연습해보세요.

10

G 와 Z를
구분하는 법 ❷

 이번에는 z 발음을 연습해볼까요?

알파벳 z 발음은 g 발음과 어떤 점이 다를까요? 네, 이번에도 역시 혀의 위치가 다릅니다. 앞서 g 발음을 할 때는 혀끝이 이빨에서 멀리 숨어서, 아랫니 잇몸 뿌리 아래까지 들어가야 했었죠. 하지만 z 발음은 정반대로, 혀끝이 위아래 이빨 사이에 위치해야 합니다.

   g 발음: 혀끝이 아랫니 잇몸보다 더 아래에 닿은 상태에서 발음
   z 발음: 혀끝이 'ㅅ(시옷)' 발음할 때처럼 윗니·아랫니 사이에 닿은
          상태에서, 목을 울려 내는 발음

'목을 울린다'는 얘기를 어렵게 생각할 필요는 없습니다. 드론이 날 때 내는 '즈으으웅'하는 소리, 그런 진동이 있는 소리가 목이 울

리는 소리와 같습니다. 흔히 벌이 나는 소리를 우리가 따라할 때 내는 'ㅈㅈㅈ' 소리가 z 소리와 똑같다고 보면 됩니다. 그 소리를 단어 속에 섞어서 발음하는 게 요령일 뿐이죠.

Buzzer /BUHZ-er/   <kbd>n</kbd> 버저, (음식점)진동기

Blizzard /BLIZ-erd/   <kbd>n</kbd> 눈보라, 혹은 '블리자드' 게임 회사

Zebra /ZEE-bruh/   <kbd>n</kbd> 얼룩말

Zero /ZEER-oh/   <kbd>n</kbd> 영(0), 제로

Freeze /freez/   <kbd>vt</kbd> 얼리다 <kbd>vi</kbd> 얼어붙다

Jay-Z /jey-zee/   <kbd>n</kbd> 제이지(미국 래퍼)

? 음성인식 비서에게 질문해 보기

> **"At what degree does water freeze?"**

📢 이것도 물어 볼까요

Q1. Name a hit song by Jay-Z.
Q2. What is a buzzer beater?

11

이런 것도 Z발음?:
Husband

🎤　알파벳 z 발음은 사실 s 계열(또는 '시옷')이라고 할 수 있습니다. 혀끝의 위치가 'ㅅ(시옷)' 발음할 때와 같다고 앞서 말씀드렸는데요, 즉 알고 보면 s 발음의 사촌 격인 셈입니다. 발음할 때 혀의 위치는 같고, 목을 울리느냐 안 울리느냐에 따라 s 가 z 가 됩니다.

　그래서인지, 영어 단어 중에는 스펠링은 멀쩡히 s 인데 z 발음으로 읽는 경우가 많습니다. 대표적인 경우가 '남편(Husband)'라는 단어죠. 워낙 영어 공부 초창기(?)에 배운 단어라 '그런가 보다' 했지만 생각해보면 어색합니다. '허스번드'라고 읽으면 될 텐데 '허즈번드'로 읽으니까요. 사실 이런 예는 곳곳에서 찾아볼 수 있습니다.

Husband /HUHZ-buhnd/	허즈번드(O)	허스번드(×)	n 남편
Cousin /KUHZ-uhn/	커즌(O)	커슨(×)	n 사촌
Bruise /BROOZ/	브루-즈(O)	브루-스, 브루이스(×)	n 멍, 타박상
Jesus /jee-ZUHS/	지저스(O)	제수스(×)	n 예수 그리스도
Use* /YOOZ/	유-즈(O)	유-스(×)	vt 이용하다
Lose /LOOZ/	루-즈(O)	루-스(×)	vt 분실하다, vi (경기에서)지다

아쉽게도 언제 s 가 z 처럼 발음되는지 딱 정해 놓은 법칙은 따로 없습니다. 원편에서 살펴본 대로 명사나 동사에서 그런 경우도 있고, 아니면 책 맨 앞 20페이지에서 잠깐 언급한 법칙('단어의 원형이 [s], [z], [ʃ], [dʒ] 발음으로 끝나면, 마지막에 '-es'를 붙이고 [iz]로 발음한다')에 따라 명사의 복수형 중 일부가 z 로 발음되기도 합니다.**

제가 드리는 조언은 똑같습니다. 법칙을 외우려고 하지 말고, 많이 접해보는 게 발음 실력을 더 빨리, 확실히 키우는 지름길입니다.

아, 잠깐! 아직 끝나지 않았습니다. 스펠링은 다른데 발음은 z 와 똑같은 대표적인 예가 하나 더 남았습니다. 아마 학교에서 처음 배우면서 '대체 왜?!'하고 머리를 싸맨 적 있을 거예요. 바로, 'ex' 계열의 단어들입니다.

---

* 잘 생각해보면 Use는 동사이면서 명사이기도 합니다. 동사일 때는 '사용하다, 이용하다'는 뜻이고 명사로는 '쓰임새'라는 뜻으로 쓰이죠. 그런데, 성분에 따라 발음도 달라집니다. 동사일 때는 /YOOZ(유-즈)/라고 읽지만 명사일 때는 /YOOS(유-스)/라고 발음해야 합니다.

** Dish의 복수형 Dishes는 '디쉬스'가 아니라 '디쉬즈'로 발음된다고 예를 들었었죠.

Exhausted /ig-ZAWST-id/ 익저스티드(O)   엑스호스티드(X) **adj** 기진맥진한

Executive /ig-ZEK-yuh-tiv/ 익제큐티브(O)   엑세큐티브(X) **adj** 임원급의,

Exhibit /ig-ZIB-it/   익지빗(O)   엑스히빗(X) **n** 전시품,

                                                      vt 전시하다

'ex-'로 시작하는 단어가 언제나 z 소리가 나는 건 아니에요. '엑스' '익스' 같은 발음이 날 때가 더 많고, 방금 소개한 단어 같은 예외적인 경우에 '이그즈(igz)'로 발음됩니다. 다만, 이런 단어들이 네이티브들의 일상 속에서 꽤나 자주 쓰는 단어이다 보니, 우리가 발음을 잘못하면 상대방이 (@_@) 이런 표정이 될 가능성이 높아요. 그러니까 이 세 단어는 확실하게 기억하고 가면 좋겠죠?

? **음성인식 비서에게 질문해 보기**

"Who is the Chief Executive Officer (CEO) at Amazon?"

📢 이것도 물어 볼까요

Q1. How do you treat a bruise?

Q2. How do you get along with your cousins?

강세(Stress)가
옮겨 다닌다?

앞서 112페이지에서 영어의 액센트, 즉 강세를 구분하는 연습을 해봤습니다. 우리말과 다르게 모든 단어마다 강세가 찍히는 위치가 정해져 있어서, 그 위치를 신경 써서 발음해야 하니까 그만큼 까다롭죠.

그런데 공부하는 여러분에게는 안타까운 소식이 있습니다. 단어의 강세 위치가 가끔은 변하는 경우도 있다는 사실입니다. 똑같은 단어, 똑같은 스펠링인데 어떤 때는 앞에 강세를 찍고 어떤 때는 뒤에 강세를 찍는다는 거죠. 그뿐만 아닙니다. 강세의 위치가 달라지면서 심지어 단어 뜻이 달라지기도 합니다.

강세가 옮겨 다니는 대표적인 예 몇 가지를 들어볼까요?

Increase	앞 강세 /IN-krees/	n 증가분
	뒤 강세 /in-KREES/	vt 늘어나다, 늘리다
Decrease	앞 강세 /DEE-krees/	n 감소분
	뒤 강세 /dih-KREES/	vt 줄어들다, 줄이다
Import	앞 강세 /IM-pohrt/	n 수입품
	뒤 강세 /im-POHRT/	vt 수입하다
Export	앞 강세 /EK-spohrt/	n 수출품
	뒤 강세 /ek-SPOHRT/	vt 수출하다

　엄청 복잡한 거 같지만, 하나씩 뜯어 보면 규칙이 보입니다. 명사일 때는 앞에 강세가 오고, 동사일 때는 뒤에 강세가 오네요. 뜻은 명사일 때나 동사일 때나 거의 비슷한 것 같고요.

　실제 영어에는 이런 식으로 명사-동사의 형태가 같으면서 강세 위치가 다른 사례가 수십 가지 정도 있다고 합니다. 저도 개인적으로 궁금해서 열심히 찾아봤는데, 마흔 가지 정도가 나오더라고요. 물론 지금 이걸 다 외울 수는 없고, 가장 흔히 쓰이는 단어 위주로 몇 가지 더 알아볼까요?

Insult	/IN-suhlt/	n 모욕, 욕
	/in-SUHLT/	vt 모욕하다
Record	/REK-erd/	n 기록, 레코드
	/ri-KAWRD/	vt 녹음하다, 녹화하다

| Address | /AD-res/ | **n** 주소* |
| | /uh-DRES/ | **vt** 문제를 제기하다, (누군가를 대상으로) 연설하다, (호칭으로) 칭하다 |

이외에도 Present, Recall, Addict 같은 단어들도 명사일 때(선물, 리콜, 중독자)와 동사일 때(발표하다, 기억해내다, 중독되게 하다) 강세 위치가 변하는 대표적인 예입니다. 우리말과 다르게 강세를 의식해가며 읽는 연습이 필요하죠.

한 단어만 놓고 그 단어 발음을 연습하는 건 상대적으로 쉽습니다. 정작 문제가 발생하는 건 단어가 문장에 섞여 들어갈 때죠. 문장을 읽거나 말할 때면 뜻이 뭐고 동사 형태는 어떻게 써야 하는지, 관사는 어디 붙는지 여기저기 신경 쓸 곳이 워낙 많다 보니 강세는 잊어버리기 십상입니다.

그래서 강세를 '제대로' 연습하려면 문장 연습이 필수입니다. 이런 식으로요.

Do you have a **RE**cord of him? (걔 녹음한 거 있어?)

Did you re**CORD** him saying that? (걔가 그 말하는 거 녹음했어?)

마지막으로 팁 하나. 강세가 뭉개지는 가장 주된 이유는 말하기 속도입니다. 뭐든 너무 빠르게, 네이티브처럼 말하려는 경향 때문이죠. 급할 건 없습니다. 빠르게 말한다고 네이티브 같아지는 게

---

* Address는 명사일 때 예외적으로 앞/뒤 강세 둘 다 가능합니다. 둘 다 보편적으로 많이 쓰이지만, 우선 본문에서는 덜 헷갈리도록 앞 강세만 적었습니다.

아니거든요. 빠르게 말하면 혀가 꼬이고, 발음도 강세도 망가진 영어가 될 뿐입니다. 그래서 천천히, 정확하게 읽는 게 중요합니다. 강세가 헷갈린다면 아예 한 박자 쉬고 천천히 말하는 연습을 먼저 하세요.

부록 2

외국인 이름 읽기:
톰과 제인, 그리고 베토벤

🎤 톰과 제인, 메리와 존. 우리에게 익숙한 외국인 이름입니다. 펼치는 교재마다 등장하는 이름이라 식상하기까지 합니다. 한국인이라고 해서 철수와 영희만 있는 게 아닌 것처럼, 분명 외국인 이름도 온갖 이름이 다 있는데 말이죠*.

다양한 영어 이름을 교과서나 교재에 소개하지 못하는 것도 이해는 갑니다. 베네딕트 컴버배치니 아델이니, 세상엔 정말 별별 이름이 다 있으니까요. 다만 문제는, 톰과 제인에만 익숙한 우리는 '흔하지 않은' 이름을 발음하는 능력이 현저히 떨어진다는 점입니다.

---

* 찾아보니 영어권에서 요새 인기있는 이름은 Olivia, Emma, Riley (여자), Liam, Aiden, Noah (남자) 등이네요. 수십 년쯤 지나면 영어 학습지에 톰과 제인이 아닌, Olivia 와 Liam의 대화가 실리게 될까요?

'베토벤'이나 '아리스토텔레스'는?

우리 다 아는 흔한 이름, 베토벤과 아리스토텔레스는 영어로 어떻게 발음할까요? 강세가 어디 가야 하는지부터 막막하게 느껴질 수 있습니다. 베토벤의 '토'가 t 인지 th 인지도 고민이 될 거고요(우리말로 '팬'이라고 쓴 게 Fan 인지 Pan 인지 헷갈리는 것처럼요). 우리식으로 읽을 땐 아무 문제 없었는데, 영어로 발음하자니 걸림돌이 너무 많습니다.

소위 '위인'이라며 한참 전에 배웠던 이런 인물들의 이름을 발음하기 힘든 이유 중 하나는 바로 이들이 '비영어권' 인물이라는 데 있습니다. 영어권 이름은 크게 낯설지 않은 반면에 베토벤이나 모차르트, 고흐나 니체 같은 이름은 우리말 철자와 실제 영어식 발음이 크게 차이 나곤 합니다.

	〈한국식 이름〉	〈실제 영어 발음〉
Beethoven	베토벤	/BEY-toh-vuhn(베이토븐)/
Mozart	모차르트	/MOHT-sahrt(못쌀트)/
Bach	바흐	/bahkh(박)/
Schubert	슈베르트	/SHOO-bert(슈벌트)/
Gogh	고흐	/goh(고우)/
Michelangelo	미켈란젤로	/mahy-kuh-LAN-juh-loh(마이컬란절로)/
Jean-Paul Sartre	사르트르	/jhahn-pawl SAHR-truh(쟝-폴 쌀트러)/
Nietzsche	니체	/NEE-chuh(니-쳐)/

저는 개인적으로 '괴테(Goethe)'의 발음이 가장 어렵습니다. 철자만 보면 '고에테' '괴뜨' 정도로 읽을 것 같죠? 그런데 미국식으로는 난데없이 '거터(!)'라고 발음하고, 영국식으로는 '고우뜨' 혹은 '거터'로 발음합니다. 말도 안 되죠. 그래서 저는 가급적 어디 가서 괴테 이야기는 꺼내지도 않습니다.

누구나 틀려요, 걱정하지 마세요

사실, 내가 입에 올릴 것 같은 사람들(유명인 등) 이름은 미리 예습해두는 게 좋긴 한데, 그게 쉽지 않습니다. 그리고 워낙 사람 이름이라는 게 제각기다 보니 네이티브라 해도 서로 이름을 잘못 발음하는 경우도 잦습니다. 네이티브도 긴가민가 하는데, 외국인인 우리가 매번 정확히 발음할 수 있을 리가 없겠죠? 그러니 모든 이름을 완벽하게 연습해두겠다는 비현실적인 목표를 세우기보다, 누구나 틀릴 수 있으니 기회가 될 때마다 틈틈이 익힌다는 정도 생각으로 접근하면 좋을 것 같습니다.

마지막으로 아주 옛날 유명인 이름 몇 가지만 더 소개하겠습니다.

	〈한국식 이름〉	〈실제 영어 발음〉
Aristotle	아리스토텔레스	/AR-uh-stotl(아러스토틀)/
Socrates	소크라테스	/SOK-ruh-teez(써크러티-즈)/
Plato	플라톤	/PLEY-toh(플레이토)/

만약 여러분이 특별히 관심 있는 분야가 있다면, 그 분야 유명인 이름을 찾아보는 건 어떨까요? 저 같은 경우에는 격투기에 관심이 있어서 선수들 이름을 확인하려고 쓰는 방법이 있는데요, 그 사람이 언급되었을 것 같은 뉴스 영상을 유튜브 같은 데서 찾아보는 방법입니다. 그럼 '아나운서 식 표준' 발음을 쉽게 확인할 수 있을 테니까요.

시리 혼자서 일방적으로 나에게 말을 하는 게 아니라, 나와 주거니 받거니 말을 나눠야 재미도 있고, 실력도 늘 수 있습니다. 무작정 아무 질문이나 하려면 막막할 수 있으니 그런 상황에 대비해서 영어로 할만한 질문을 모아보았습니다. 이번 챕터에서 제안하는 일상적인 질문들을 활용, 음성인식 비서에게 말을 걸어보면 됩니다. 말하자면 질문하는 법을 익히는 연습입니다.

앞서 훈련한 여러 가지 발음 방법을 떠올려 가면서 목소리는 크게, 발음은 확실하게! 스마트폰에 질문을 던져볼까요?

Chapter 5.
영어로 질문을
던져볼까요?

시작하기 전에

🎙️ 이번 챕터는 스마트폰을 사용하면서 시리에게 물어볼 수 있는 질문들을 담았습니다. 일상생활 속 질문으로만 모았습니다.

다른 사람들은 인공지능 비서 기능을 어디에다 쓰는지 살펴볼까요?

한 통계Adobe Digital Insights 2018에 따르면 사람들은 스마트폰 인공지능 비서 기능을 음악을 듣는 데 쓰거나(70%), 날씨를 확인할 때(64%), 온라인 검색할 때(47%), 그리고 알람을 세팅하는 용도로(46%) 쓴다고 합니다. 신기하니까 웃긴 질문이나 엉뚱한 질문을 던져보는 용도(53%)로도 사용하고요.

사실, 정해진 용도로 사용하란 법은 물론 없습니다. 저는 시리Siri를 아침에 바쁜 시간에 날씨나 시간을 체크하는 용도로 가장 많이 쓰는데요, 그러다가도 가끔은 '나 사랑해?' 같은 질문을 던지면서 요즘 시리의 기술력(?)이 얼마나 향상되었는지 찔러보며 시간을 보내기도 합니다. 여러분들도 꼭 공부 용도라고 생각하지 말고 일상생활에서 간단한 질문을 던지는 연습을 하다 보면, 말하기 실력이 자연스럽게 늘겠죠?

한 가지 주의할 점은, '속도'입니다. 적당한 속도로, 너무 느리지 않게 물어봐야 한다는 점입니다. 시리 선생님은 여러분이 영어로 말하는 네이티브라고 생각하고 그렇게 대하도록 프로그래밍 되어 있습니다. 질문을 너무 느릿느릿 물어보면 말을 끊어버리는 상황이 발생합니다. 그러지 않도록 적당한 말하기 속도를 지켜서 질문을 연습해보세요.

틀려도 눈치 주지 않는 게 스마트폰의 음성인식 기능입니다. 한번 물어봐서 잘 알아듣지 못하면 앞서 배운 발음 팁을 생각해가면서 다시 물어보세요. 점차 영어 실력이 자연스럽게 느는 효과를 경험할 수 있습니다. 그럼, 간단한 질문부터 한 번씩 따라 읽어 볼까요?

오늘 날씨는 어때?
How is the weather today?

🎙 아침에 '날씨는 어때?', 시리에게 가장 자주 묻는 말 중 하나입니다. 줄여서 'Weather today, please.'라고만 해도 됩니다.

How is the weather today? 오늘 날씨 어때?

How is the weather outside? 밖에 날씨 어때?

Is it cold outside? 밖에 지금 추워?

>> 날씨 질문을 'What is today's weather?'라고 쓰는 분들도 있지만, 어색한 영어입니다. 우리말로도 '오늘 날씨는 어때?'라고 묻지 '오늘 날씨는 뭐야?'라고 하지 않는 것처럼요. 날씨는 연속된 스펙트럼이니까 what 보다는 how를 쓰는 게 자연스럽습니다.

02

밖에 비 와?
Is it raining outside?

비나 눈이 내리고 있는지 물을 때는 현재형('Does it rain?') 보다는 현재진행형을('Is it raining?')이 훨씬 자연스럽습니다. 지금 현재 '내리고 있는지' 진행 상황을 묻는 거니까요.

Is it raining outside?   밖에 비 와?

Is it raining heavily outside?   밖에 비 많이 와?

Is it snowing right now?   지금 눈 와?

>> 눈이나 비가 '많이, 심하게' 내리는 상황은 주로 heavily, 또는 hard라고 표현합니다.

나 8시에 깨워 줄래?

Can you wake me up at 8?

🎙 '(누군가를)깨우다/깨워주다'는 영어로 'Wake (someone) up' 이라고 합니다. 부탁을 할 때 쓰는 'Can you ~?' 구문을 활용해서 시리에게 깨워달라고 부탁하면 됩니다.

Can you wake me up at 8? 8시에 깨워줄래?

Can you wake me up in 30 minutes? 30분 있다가 깨워줄래?

Can you wake me up every day at 9:30? 매일 아침 9시 반에 깨워줄래?

> 〉〉 '몇 시에' 깨워 달라고 시간을 지정할 때는 전치사 'at + (시각)'을 씁니다. '몇 시간 후에(안에)' 깨워 달라고 할 때는 전치사 'in + (시간/기간)'을 씁니다.

04

저녁 8시 알람 맞춰줘.
Set an alarm for 8:00 p.m.

🎤 　자려고 벌써 누웠는데, 알람을 맞춰야 해서 몸을 일으키기 귀찮을 때가 있습니다. 그럴 때 시리에게 말로 부탁하면 정말 편리하죠. 알람을 '맞추다'는 영어로 간단하게 Set을 쓰면 됩니다. 'Set an alarm (시간)' 패턴입니다.

Set an alarm for 8:00 p.m.　저녁 8시 알람 맞춰줘.

Set an alarm for 6 hours from now.　지금부터 6시간 후에 알람 울려줘.

Can you set the alarm for 7 o'clock?　7시에 알람 맞춰줄래?

> 》 　교과서에서는 '몇 시 정각'을 뜻할 때 'o'clock'을 붙인다고 배웠습니다. 하지만 실생활에서는 생략해도 무방합니다. 7시라면 그냥 'seven (7)'이라고만 읽는 식이죠.

지금 몇 시야?
What time is it now?

🎙️ 정신없이 요리를 하고 있을 때, 운전을 하느라 손이 바쁠 때, 추운 날 호주머니에서 핸드폰을 꺼내기 귀찮을 때, 언제든 간단히 시리에게 말로 시간을 물어볼 수 있습니다.

What time is it now? 지금 몇 시야?

What time is it in London now? 지금 런던은 몇 시야?

Do you have the time? 지금 몇 시야?

>> 시간이 있냐고 물을 때는 'Do you have time?'이지만 여기에 the 하나만 추가 하면 '지금 몇 시야?'라는 의미로 바뀝니다.

06

랍한테 페이스타임 걸자.
Let's Facetime Rob.

🎤 시리가 처음 생겼을 때, '손을 쓰지 않고도 쉽게 전화를 걸수 있다'면서 홍보하곤 했죠? 실제로도 굉장히 편리한 기능입니다. 연락처 목록에서 매번 사람 이름을 찾는 수고 없이, 말로 쉽게 전화를 걸 수 있습니다.

Let's Facetime Rob.   Rob한테 페이스타임 걸자.

Let's call Dave.   Dave한테 전화 걸어줘.

Call Chris on speaker.   Chris한테 스피커폰으로 전화 걸어줘.

>> 문자를 보내려면 'Let's text Rob' 또는 'Let's iMessage Rob'으로 변형해서 사용할수 있습니다.)

07

밖에 얼마나 습해?
How humid is it outside?

날씨를 물어볼 때 '지금 밖에 눈이 오는지 비가 오는지'만 물어보지 않죠. 찜통 같은 여름날에는 습도를 물어볼 수도 있고, 대낮에 대체 얼마나 더워지는지 궁금할 수도 있습니다. 몇 가지 표현을 더 익혀볼까요?

How humid is it outside?   밖에 얼마나 습해?

Is it freezing outside?   지금 밖에 엄청 추워?

How hot does it get today?   오늘 몇 도까지 올라가?

> 》 비슷한 표현으로 'What is the humidity outside?'라고 물어볼 수도 있습니다.

08

내일 눈 온대?
Will it snow tomorrow?

🎤 　출근 전날 잠들기 전에는 오늘 날씨가 아니라 내일의 날씨가 궁금해지겠죠. 이때는 미래를 뜻하는 'Will'을 써서 질문합니다. 'Will it (snow/rain/clear up)?' 처럼 간단하게 문장을 구성해보세요.

Will it snow tomorrow?　내일 눈 온대?

Will it clear up tomorrow?　내일은 좀 갠대?

How windy will it be tomorrow?　내일 바람이 얼마나 분대?

> ≫ Clear up 은 찌뿌둥했던 날이 '갠다'는 표현입니다. 비 온 후 하늘이 갰다면 'The sky just cleared up!'이라고 표현할 수 있겠죠.

트위터 앱 켜줘.
Open Twitter.

🎤 여러분은 그런 때 없으신가요? 핸드폰 배경화면에 앱이 너무 많이 깔려 있어서 찾는 앱이 어디 있는지 눈에 띄지 않을 때요. 그럴 때 유용하게 사용할 수 있는 표현이 있습니다. 앱을 '열어줘(Open)' '꺼내줘(Pull up)'같은 표현입니다.

Open Twitter.　Twitter 켜줘.

Please pull up Facebook.　Facebook 열어줘.

Please pull up Settings page.　Settings 메뉴로 가자.

>> Pull up이라는 표현은 실생활에서 굉장히 많이 써요. '김과장, 그때 행사 자료 좀 찾아봐(Pull up the event info)'라든지, 병원에서 '제 진료기록 꺼내 보시면 아실 텐데요(Pull up my chart)'처럼 자료 더미에서 무언갈 찾아 꺼낼 때 씁니다.

10

네이버 앱으로 돌아가자.
Let's return to Naver app.

🎤 　시리에게 요청을 할 때, 'Can you ~?'처럼 의문문으로 부탁할 수도 있지만, '~하자(Let's ~)'는 표현을 쓰는 것도 자연스럽습니다. 전화나 알람이 울기 전에 보고 있었던 화면으로 다시 돌아가자고 부탁하는 연습을 해볼까요?

Let's return to Naver app.　네이버 앱으로 돌아가자.

Let's return to Safari browser.　사파리 창으로 돌아가자.

Let's go back to Photo Album.　사진 앨범으로 돌아가자.

11

셀카로 찍은 사진 보여줘.
Show me my selfies.

🎤 　사진 앨범에서 원하는 사진만 골라보고 싶을 때가 있습니다. 셀카만 보고 싶다든지, 우리 집 강아지 사진만 모아서 보고 싶다든지 하는 경우죠. 아이폰에서는* 이런 때 'Show me (보고 싶은 사진 종류)' 명령문으로 원하는 사진만 모아 보는 편리한 기능이 있습니다.

Show me my selfies.　셀카로 찍은 사진 보여줘.

Show me the videos in my Album.　내 Album에 있는 동영상 보여줘.

Show me all panoramic photos in my Album.

내 Album에서 파노라마 사진만 다 보여줘.

---

* 　아쉽게도 스마트폰 기종과 음성인식 비서 기능 종류에 따라 사진을 모아보는 명령어가 통하지 않는 경우도 있습니다.

12

클래식 음악 좀 틀어봐.
Let's play some classical music.

🎤 음악을 듣고 싶을 때, 시리에게 부탁하면 장르에 따라 적당한 음악이나 라디오를 틀어줍니다. 앞서 배웠듯이 부탁을 할 때 '~하자, ~하지 않을래?'라는 어감의 'Let's ~' 패턴을 활용하면 좋습니다.

Let's play some classical music. 클래식 음악 좀 틀어봐.

Let's play the top hits. 히트송 좀 틀어봐.

Let's put some music on. 음악 좀 틀어봐.

>> 음악을 튼다는 표현은 play 도 있지만, 'Put (가수, 노래) on'으로 표현하기도 합니다.

13

리하나 노래 좀 틀어줄래?
Will you put some Rihanna on?

🎙 　마음에 드는 곡을 틀고 싶을 때도 손쉽게 음성으로 재생할 수 있습니다. 특히, 가수나 밴드의 이름은 기억나는데 스펠링이 살짝 헷갈릴 때라든지, 곡 제목이 길어서 타이핑하기 귀찮을 때 편리합니다.

Will you put some Rihanna on?　리하나 노래 좀 틀어줄래?
Will you turn on the Beats 1 radio?　비츠원 라디오 좀 켜줄래?
Search for Dua Lipa on YouTube.　유튜브에서 Dua Lipa 찾아줘.

>> 앱이나 데이터베이스에서 무언가를 검색할 때는 'on' 전치사를 씁니다.

14

알람 꺼줘.

Please turn off the alarm.

🎤   성가시게 우는 알람을 다 없애 버리고 싶을 때, 자주 쓰는 세 가지 표현을 알려드릴게요. 우선 'Turn off'는 현재 설정되어 있는 알람을 끌 때 씁니다. 만약 알람을 끄는 게 아니라 아예 삭제하고 싶을 때에는 'Delete' 또는 'Remove'를 쓰면 됩니다.

Please turn off the alarm.   알람 꺼줘.

Please delete all my daily alarms.   데일리 알람은 없애줘.

Let's remove all the alarms.   알람 다 없애줘.

15

환율이 얼마야?

How much is a US Dollar?

🎤 간단히 환율을 확인하려면 네이버 같은 앱을 켤 필요 없이 시리에게 바로 물어보면 됩니다. 환율Exchange Rate이 얼마냐고 물어도 되지만, 회화에서는 그냥 '~가 얼마야(How much is ~)?'라고만 물어도 됩니다. 우리나라 화폐(원화) 기준이라고 따로 말하지 않아도 이미 문장 속에 포함되어 있는 셈이죠.

How much is a US Dollar? 환율 얼마야? (즉, 달러가 원화로 얼마야?)

How much is a Japanese Yen? 엔화가 (원화로) 얼마야?

What is the exchange rate for US Dollars? 달러 환율이 얼마야?

> ≫ 원화로 얼마인지 확실히 해두고 싶다면, 뒤에 'In Korean won'을 붙이면 됩니다.

16

35 더하기 25 얼마야?

What is 35 plus 25?

🎤 더하기/빼기/나누기/곱하기. 영어로 어떻게 표현할지 어렵게 느끼는 분들도 있지만 사실 굉장히 간단합니다. 더할 때는 'Plus', 뺄 때는 'Minus'를 동사로 사용하면 됩니다. 곱할 때는 'Times'구요*. 사람 나이나 연도 계산, 물건 가격 계산 등 실생활에서 자주 사용할 수 있습니다.

What is 35 plus 25?   35 더하기 25 얼마야?

What is 2019 minus 1985?   2019년에서 1985년 빼면 얼마야?

What is 5 times 1,400?   1,400원에 5 곱하면 얼마야?

---

*   '곱하다'를 사전에서 찾으면 multiply 라는 동사가 나옵니다. 이때는 수동태로 'What is 5 **multiplied by** 7?'이라고 표현할 수 있는데요. 정작 네이티브들도 이 표현이 번거롭다 보니 'What is 5 **times** 7?'라고 더 자주 씁니다.

>> 올해 나이를 계산할 때 이런 식으로 물어볼 수 있겠죠? 연도를 영어로 읽을 때는 굳이 '몇 년Year'인지 붙일 필요 없이 숫자 읽듯이 읽으면 됩니다. 구어체로는 보통 두 자리씩 끊어 읽습니다. 2019년이라면 'Twenty-nineteen'으로요.

17

100만 원의 2.5%면 얼마야?
What is 2.5% of one million?

🎙 팁을 계산할 때나 할인율을 계산할 때, 혹은 일하다가 세금을 계산할 때 등. 다양한 경우에 퍼센트(%)를 쓰게 되는데요. 어떤 수치의 몇 %가 얼마인지 계산할 때는 Of 전치사를 활용하면 됩니다.

What is 2.5% of one million?   100만 원의 2.5%면 얼마야?

How much is 15% of 16,000 won?   16,000원의 15%면 얼마야?

What is 8,000 won divided by 15?   8,000원을 15로 나누면 얼마야?

> ≫ 음식값을 1/n 계산할 때 유용한 표현입니다. '나누다(Divide)'동사를 활용해서 'What is (음식값) divided by (인원수)?' 라고 물으면 됩니다.

18

올해 구정은 언제야?
When is the Lunar New Year's Day?

🎙 매해 날짜가 바뀌는 공휴일이 있습니다. 대표적으로 우리
나라 구정Lunar New Year가 있습니다. 이때 간단하게 찾아보려면,
'When is ~?' 표현 활용 가능합니다.

When is the Lunar New Year's Day? (올해)구정은 언제야?

When is Thanksgiving this year? 올해 Thanksgiving은 언제야?

When was Thanksgiving last year? 작년 Thanksgiving은 언제였지?

> » 구정은 음력 설날인 셈이니까, 영어로는 Lunar New Year라고 합니다. 음력 달력은
> Lunar Calendar 라고 하죠.

19

다음 올림픽은 언제야?
When is the next Olympics?

🎤 　인터넷 검색으로 나오는 간단한 정보를 검색할 때 시리를 적극적으로 활용하면 좋습니다. 사건, 사고 날짜를 검색한다든지 역사적 사건, 또는 앞으로 다가올 행사 날짜를 검색할 때에 편리합니다.

When is the next Olympics?　다음 올림픽은 언제야?

Where is the location for the next Olympics event?

다음 올림픽 행사 장소가 어디야?

Where will be the next World Cup?　다음 월드컵은 어디야?

>> 올림픽은 영어로 언제나 복수형, the Olympics 라고 씁니다.

20

크리스마스까지 며칠 남았어?
How many days until Christmas?

🎙️ 크리스마스를 손꼽아 기다리고 계신가요? 날짜를 세어가며 기다리는 행사나 기념일이 있다면 생각이 날 때마다 시리에게 'How many days (are there) until (기념일)?' 문장으로 물어볼 수 있습니다. 가운데 있는 'are there'는 흔히 생략하곤 하니 참고하세요.

How many days until Christmas?   크리스마스까지 며칠 남았어?

How many days until Black Friday?   Black Friday까지 며칠 남았어?

How many days until the New Year's Day?   새해까지 며칠 남았어?

21

'사회주의'의 정의가 뭐야?
How do you define 'socialism'?

🎙 단어의 뜻이나 설명이 필요할 때, 영어에서는 '정의를 내리다 (Define)'는 동사를 많이 씁니다. '~를 어떻게 정의합니까?'라는 식으로 질문하죠.

How do you define 'socialism'? '사회주의'의 정의가 뭐야?

What is the definition of 'democracy'? '민주주의'의 정의가 뭐야?

Look up 'democracy' on Wikipedia. 위키피디아에서 '민주주의' 찾아줘.

>> 여기서 'you'는 '당신'이라는 뜻을 담고 있다기보다 일반적인 대중을 뜻합니다. 즉, '(사람들은)사회주의를 어떻게 정의해요?'라는 뉘앙스에 가깝습니다.

도널드 트럼프가 어떤 사람이야?
Who is Donald Trump?

🎤 이름을 들어본 유명인에 대해 궁금한 점이 있을 때, 영어로는 'Who is ~?'라고 표현합니다. 우리말로는 '~는 어떤 사람이에요?' 또는 '뭐 하는 사람이에요?'라고 묻지만 그걸 직역해서 'What kind of person is ~?' 라고 물으면 의미가 사뭇 달라질 수 있으니 주의하세요.

Who is Donald Trump?   도널드 트럼프가 어떤 사람이야?

Who is Bernie Sanders?   버니 샌더스가 어떤 사람이야?

Who is the president of France?   프랑스 대통령이 누구야?

23

화장실을 프랑스어로 뭐라 그래?
How do you say 'bathroom' in French?

🎤 영어를 구사하는 시리 선생님이지만 다른 외국어로도 간단한 단어 질문은 너끈히 대답합니다. 어딘가 여행 중일 때, 아니면 불쑥 궁금증이 생길 때, 'How do you say (단어) in (언어)?' 라고 간단히 물어볼 수 있습니다.

How do you say 'Bathroom' in French? '화장실'을 프랑스어로 뭐라 그래?

How do you say 'Beer' in Japanese? '맥주'를 일본어로 뭐라 그래?

How do you say 'Iced Coffee' in Italian?

'아이스커피'를 이탈리아어로 뭐라 그래?

'Easy'의 동의어가 뭐야?
What is a synonym for 'easy'?

🎙 영어를 공부하다 보면 뜻이 비슷한 단어나 반대말이 궁금한 경우가 종종 생깁니다. 이때는 '동의어'를 뜻하는 Synonym /SIN-uh-nim/, '반의어'를 뜻하는 Antonym /AN-tuh-nim/을 물어보면 됩니다.

What is a synonym for 'easy'? 'easy'의 동의어가 뭐야?

What is an antonym for 'difficult'? 'difficult'의 반의어가 뭐야?

Is there a synonym for 'house'? 'house'의 동의어가 있을까?

25

재밌는 얘기 좀 해줘.
Tell me something interesting.

인공지능 비서 기능은 시간을 때울 때 이런저런 재미있는 질문을 던지는 용도로도 굉장히 쓸모가 있습니다. 아무래도 농담하는 센스는 한국식 유머와 사뭇 다르기도 한데요, 여러 가지 질문을 해가면서 다른 점을 찾아보는 것도 재미있을 것 같습니다.

Tell me something interesting. 재밌는 얘기 좀 해줘.

Tell me a scary story. 무서운 얘기 좀 해줘.

Tell me a joke. 농담해봐.

> 형용사를 바꿔 넣으면(interesting 대신 funny, silly, scary, shocking 등) 무한대로 확장 가능합니다.

26

오늘 무슨 요일이야?

What day is it today?

🎤 날짜나 요일을 확인하고 싶을 때, 핸드폰을 켜지 않고도 간단히 말로 물어볼 수 있습니다.

What day is it today? 오늘 무슨 요일이야?

What is the date today? 오늘 며칠이야?

What year is it? 지금이 몇 년도지?

>> 비슷해 보이지만 day는 요일을 물을 때, date는 날짜를 물을 때 씁니다. 헷갈리지 않도록 주의하세요.

27

넌 종교 있어?
Do you have a religion?

🎤　　좀 더 철학적인 질문을 던져볼 수도 있습니다. 인공지능이 발달하면 대답도 진화하겠지만, 아직은 조금 뜬금없는 대답을 하거나 대답을 회피하기도 합니다. 재미 삼아 평소 궁금했던 질문을 이것저것 던져보세요.

Do you have a religion?　넌 종교 있어?

Have you seen the universe?　우주를 본 적 있어?

Is there a God?　신은 있을까?

> >> 종교가 있는지 묻는 또 다른 질문으로는 'Are you religious?'가 있습니다.

넌 이름이 뭐야?
What's your name?

🎤 　처음 만나는 상대방에게 물어보는 질문들을 스마트폰 속 인공지능 비서에게도 물어볼 수 있습니다. 이름과 나이, 출신('Where are you from?') 또는 키나 몸무게를 물어볼 수도 있겠네요('How tall are you?'/'How heavy are you?').

What's your name?　넌 이름이 뭐야?

Where were you born?　넌 어디서 태어났어?

How old are you?　너 몇 살이야?

>> 비슷한 표현으로 'What city were you born in(태어난 도시가 어디야)?'라는 질문도 자주 쓰입니다.

29

너 나 사랑해?
Do you love me?

🎤 　비록 사람은 아니지만, 시리 선생님을 당황하게 할 만큼 돌직구 질문을 던져볼까요? 선생님이자 친구이자 애인처럼 친절한 시리에게 고백하는 연습을 해봐도 재밌습니다.

Do you love me?　너 나 사랑해?

Do you think I'm smart?　내가 똑똑한 거 같아?

Will you go out with me?　나랑 사귈래?

> >> 영어로 '사귀다'는 표현은 'go out' 또는 'date'라고 표현합니다.

30

시청까지 가는 길 알려줘.
Give me directions to City Hall.

🎤 　더욱 창의적인 방법으로 인공지능 비서 기능을 활용해 보시기 바랍니다. 목적지까지 찾아가는 길을 확인하거나, 주식이나 금리, 암호화폐의 현재가를 물어보는 건 어떨까요? 일상에서 만나는 다양한 궁금증을 영어로 질문하는 습관을 키우면 발음뿐만 아니라 말하기 실력이 금방 늘지 않을까요?

Give me directions to City Hall.　시청까지 가는 길 알려줘.

What's Mom's phone number?　엄마 전화번호가 뭐였지?

What is the current price of a Bitcoin?　비트코인 현재가가 얼마야?

좋은 글을 따라 쓰면서 글쓰기 실력을 늘린다고 해서 필사가 유행했습니다. 많은 작가들이 효과를 봤다고 증언을 하기도 했는데요, 단순히 눈으로 보는 것에 그치지 않고 손에 글을 익힌다는 데서 굉장히 효과적인 방법이라고 합니다.

말하기도 크게 다르지 않습니다. 손이 아니라 입으로, 문장을 따라 읽다 보면 자연스럽게 말하기 실력이 늘게 됩니다. 물론, 어떤 문장을 읽는지도 중요하겠죠. 무작정 재미없는 지문을 따라 읽기보다 나에게 재미있는 글을 찾아 읽는 게 효과적입니다. 그게 요리책 레시피일 수도 있고, 동화책일 수도 있습니다. 좋아하는 가수의 노래 가사도 좋습니다. 여러 가지 글을 소개해드릴 테니 따라 읽어보고, 마음에 드는 글을 조금 더 찾아 읽어보면 어떨까요?

Chapter 6.
실전 문장
말하기 연습

시작하기 전에

🎙️ 　이번 챕터는 '문장으로 말하기'를 연습하는 챕터입니다. 구슬이 서 말이어도 꿰매야 보배라는 말처럼, 지금까지 발음을 한 단어씩 잘 익혔다면 이제 여러 문장을 연달아 읽는 연습 차례겠죠.

　지문을 선택한 기준은 이렇습니다. 실제 네이티브들이 생활하면서 접하는 지문을 중심으로 선정했습니다. 교과서나 어학 시험에서 접하는 지문보다 좀 더 생활 밀착형이랄까요? 공부가 공부로 끝나는 게 아니라, 일상생활에 도움이 될 수 있도록 지문을 골랐습니다.

　연습하는 요령은 딱 하나입니다. 바로, '크게 읽기'입니다. 문장을 읽다 보면 단어를 한 개씩 익힐 때보다 금세 목소리에 힘이 빠지거나 집중력이 흐트러지게 마련입니다. 발음 교정 효과를 확실히 하려면 결국 목소리를 크게 하려고 의식적으로 노력하는 게 중요합니다.

큰 목소리로 읽을 준비가 되었다면, 마지막으로 한 가지 팁을 드립니다. 이번 챕터 연습을 하실 때는, 시리 선생님이 아니라 다른 선생을 찾아가는 게 좀 더 효과적일 수 있다는 점입니다.

시리 같은 스마트폰 비서 기능은 보통 짧게 한 두 문장 명령 Command을 듣고 분석하도록 프로그램되어 있습니다. 여러 문장으로 구성되어 있는 이번 챕터 지문을 들려주기에는 적절하지 않죠. 대신, 딕테이션Dictation 기능이 참 잘 되어 있는 앱이 있습니다. 바로 우리가 매일 사용하는 카카오톡 앱입니다.

카카오톡에서 친구나 아니면 자신에게 말하는 대화창을 켜놓고 마이크 버튼을 눌러보세요. 편한 속도로 말하고, 중간에 잠깐씩 쉬어도 내 말을 받아쓰는 딕테이션 기능이 계속 작동합니다. 세 번 정

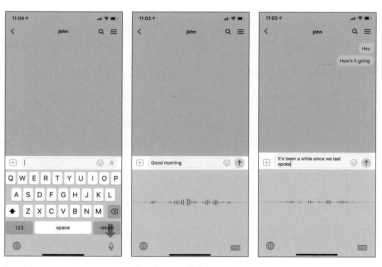

카카오톡에서 친구에게 딕테이션Dictation 기능으로 메시지 보내려면

도 읽어보고 난 다음에는 시간을 한 번 재보세요. 각각 지문에 알맞은 읽기 속도를 상단에 표시했으니, '네이티브라면 이 정도 속도로 읽는구나!' 가늠해가면서 연습하기를 추천합니다.

01

어른들은 참 이상해!
『어린 왕자』 속 한 구절 읽기

어린아이가 말을 익힐 때 동화를 읽듯이, 외국어를 배우는 어른도 말을 익힐 때 동화를 읽으면 많이 도움이 됩니다. 문장이 간결하기도 하고, 어린아이를 위해 쓰였으니 의미가 명확하고 표현이 직관적이거든요.

그래서 골라봤습니다. 어른이 되어 다시 읽으면 더욱 울림이 큰, 『The Little Prince(어린 왕자)』의 한 구절입니다.

🕐 **읽는 데 걸리는 시간: 천천히 연습할 때 1분 20초, 익숙해진 다음엔 50초**

Grown-ups like numbers. When you tell them about a new friend, they never ask questions about what really matters. They never ask: 'What does his voice sound like?' 'What games does he like best?' 'Does he collect butterflies?' They ask: 'How old is he?' 'How many brothers does he have?' 'How much does he weigh?' 'How much money does he have?' Only then do they think they know him.

If you tell grown-ups, 'I saw a beautiful red brick house, with geraniums at the windows and doves at the roof…,' they won't be able to imagine such a house. You have to tell them, 'I saw a house worth a thousand francs.' Then they exclaim, 'What a pretty house!'

어른들은 숫자를 참 좋아해. 어른들에게 새로운 친구에 대해 말하면, 진짜 중요한 거에 대해 질문을 하는 적이 없어. 어른들은 '새 친구의 목소리는 어떠니?'라든지 '그 친구는 어떤 놀이를 제일 좋아하니?' '혹시 나비를 수집하니?' 같은 질문은 절대 하지 않아. 대신 묻지: '나이가 몇이니?' '형제가 몇 명이니?' '몸무게가 얼마니?' '돈을 얼마나 가지고 있니?' 그러고 나서야 친구에 대해 알게 되었다고 생각하지.

어른들에게 '아름다운 빨간 벽돌집을 봤어요, 창가에 제라늄이 있고 지붕에는 비둘기가 있어요…'라고 말해봐야 어른들은 그런 집을 상상하지 못해. 이렇게 말해야 하지. '천 프랑짜리 집을 봤어요.' 그럼 어른들은 외칠 거야. '엄청 예쁜 집이구나!'

🔴 문장별 주의사항

1. Grown-ups / like numbers.

2. When you tell them / about a new friend, / they never ask questions / about what really <u>matters</u>.
   -tt-발음을 굳이 'ㄹ'로 굴리지 않아도 됩니다(84페이지 참조).

3. They never ask: '<u>What</u> / does his voice sound like?'
   대명사(what, which 같은)로 시작하는 질문에서는 바로 대명사가 가장 중요하겠죠? 그래서 강세를 주고, 필요하다면 끊어 읽어도 좋습니다.

4. 'What games / does he like best?'

'어떤(what) 게임을(games)' 좋아하는지가 질문의 중심이죠. 따라서 'what games'는 붙여 읽습니다.

5. 'Does he collect butterflies?'

여기도 마찬가지겠죠? '버터'플라이스라고 발음해도 무방합니다.

6. They ask: 'How old is he?'

7. 'How many brothers / does he have?'

8. 'How much / does he weigh?'

Weigh /wey/(75페이지 참조)

9. 'How much money / does he have?'

10. Only then / do they think / they know him.

문장 구조가 좀 어렵죠? 'Only then(그제서야, 그 때가 되어서야)'를 강조하려고 동사 think의 조동사, do 를 앞에 덧붙인 '도치'구조입니다. 강조하려는 부분인 'only then'을 끊어 읽습니다.

11. If you tell grown-ups, 'I saw / a beautiful red brick house, / with geraniums at the windows / and doves at the

Geranium /ji-REY-nee-uhm/ 알록달록 꽃이 피는 관상용 화초, 제라늄

roof…,' / they <u>won't be able to imagine</u> / such a house.

'won't be able to imagine' 은 길어 보이지만 한 호흡에 읽어야 합니다. 조동사가
붙었다 뿐이지 사실 한 동사거든요.

12. You have to tell them, 'I saw a house worth a thousand
    <u>francs</u>.'

프랑스 돈 'franc'는 미국식 영어로는 /frangk/로 읽습니다. 복수형은 /frangks/가
되구요.

13. Then they exclaim, / 'What a pretty house!'

02

모든 동물은 평등하다?
『동물 농장』 속 7계명

🎤 　조지 오웰의 『Animal Farm(동물 농장)』, 혹시 영어로 읽어보셨나요? 번역본도 좋지만, 저널리스트 출신이기도 한 오웰의 문장은 워낙 간결하고 뜻이 명확해서 영어 원문으로 읽는 게 어렵지 않습니다. 뜻도 더 강렬하게 느껴지고요.

　『동물 농장』은 평등하고 행복한 삶을 추구하던 농장의 동물들이 권력 싸움과 부패를 겪으며 변하는 모습을 보여줍니다. 인간을 몰아내고 동물들만의 농장을 만들면서, 처음엔 동물은 누구나 평등하다는 내용의 일곱 가지 계명을 벽에 적어 놓습니다. 어떤 계명인지 한 번 볼까요?

Whatever goes upon two legs is an enemy.

Whatever goes upon four legs, or has wings, is a friend.

No animal shall wear clothes.

No animal shall sleep in a bed.

No animal shall drink alcohol.

No animal shall kill any other animal.

All animals are equal.

두 발로 걷는 모든 이는 적이다.

네 발로 걷거나 날개 달린 모든 이는 친구다.

어떤 동물도 옷을 입어서는 안 된다.

어떤 동물도 침대에서 자서는 안 된다.

어떤 동물도 술을 마셔서는 안 된다.

어떤 동물도 다른 동물을 죽여서는 안 된다.

모든 동물은 평등하다.

❗ **문장별 주의사항**

1. Whatever goes upon two <u>legs</u> is an enemy.

   Legs는 1음절 단어죠. '레그스'로 늘여 읽기보다, '렉s'라는 느낌으로 읽습니다.

2. Whatever goes upon four legs, / or has wings, / is a friend.

3. No animal / shall wear <u>clothes</u>.

'th'발음으로 끝나는데, s 발음하기 어렵습니다. 그래서 네이티브도 발음을 두 가지
로 하는데요, /klohthz/ 또는 더 간편하게 /klohz/로 하기도 합니다.

4. No animal / shall sleep in a bed.

5. No animal / shall drink alcohol.

6. No animal / shall kill / any other animal.

7. All animals /are equal.

Create /kree-EYT/는 뒤음절에 강세가 있습니다. 과거형 created도 따라서 발음은
'크리**에이**티드'로 '에이'를 강조해서 읽습니다.

그런데, 평등을 바라던 동물 사이에서 돼지들이 권력을 얻고 힘
으로 다른 동물들을 억누르기 시작합니다. 애초에 인간의 학대를
벗어나려고 농장을 쟁취한 동물들이었지만, 돼지들은 인간과 다시
부패한 관계를 맺기 시작했습니다. 동물들의 일곱 계명은 어느덧
다음과 같이 바뀌어 있었습니다.

Four legs good, two legs better.
No animal shall wear clothes.
No animal shall sleep in a bed with sheets.
No animal shall drink alcohol to excess.
No animal shall kill any other animal without cause.
ALL ANIMALS ARE EQUAL BUT SOME ANIMALS ARE MORE
EQUAL THAN OTHERS.

네 발은 옳고, **두 발은 더 옳다.**
어떤 동물도 옷을 입어서는 안 된다.
어떤 동물도 침대에서 **이불 없이** 자서는 안 된다.
어떤 동물도 술을 **과하게** 마셔서는 안 된다.
어떤 동물도 다른 동물을 **이유 없이** 죽여서는 안 된다.
모든 동물들은 평등하지만, **어떤 동물은 그보다 더욱 평등하다.**

⚠️ 문장별 주의사항

1. Four legs good, two legs <u>better</u>.
   앞서 강조했듯이, -tt- 발음은 굴리지 않아도 괜찮습니다.

2. No animal shall wear clothes.

3. No animal shall sleep in a bed with <u>sheets</u>.
   'sheets'가 'shits' 발음과 다르다는 건 이제 아시죠? 둘 다 한 음절 단어지만,
   sheets는 훨씬 길게 발음해야 합니다(110페이지 참조).

4. No animal shall drink alcohol to excess.

Excess 는 두 가지로 발음되는데요, 강세가 앞에 있는 /EK-sess/ 또는 강세를 뒤로 보낸 /ik-SESS/ 둘 다 가능합니다. 저는 개인적으로 비슷한 발음 access /AK-sess/와 구분하기 위해 강세를 뒤로 보낸 /ik-SESS/로 발음하곤 합니다.

5. No animal shall kill / any other animal / without cause.

'코우즈'가 아니라/kawz(커-즈)/로 발음합니다(119페이지 참조).

6. All animals / are equal / but <u>some</u> / are more equal / than others.

문장에서 가장 중요한 단어, 'some' 입니다('어떤' 동물들은 더 평등하다). 따라서 some 만 끊어서 읽으면 의미가 더욱 강조됩니다.

자료 출처: https://youtu.be/Fw4eCSzJmi0?t=434

03

돌풍의 시작,
버니 샌더스의 출마 연설 읽기

🎤 　2016년, 미국 대통령 선거에서 비록 당선되지는 못했지만 모두에게 큰 여운을 남긴 인물이 있었습니다. 흰머리 성성한, 하지만 정책 공약만큼은 진보적이고 진실한 모습을 보이며 젊은 층 사이에서 인기인이 된 버니 샌더스Bernie Sanders 후보입니다. 샌더스 후보가 출마 선거를 한 2015년 5월 26일, 그의 출마 선언의 한 도막을 읽어보겠습니다. 그가 어떤 후보인지 잘 보여주는 내용이기도 하거든요.

🕐 읽는 데 걸리는 시간: 천천히 연습할 때 1분 20초, 익숙해진 다음엔 1분. 실제 샌더스 후보가 연설을 할 때는 청중이 박수치는 시간 때문에 1분 20초 정도 걸렸습니다.

[…] Let's be clear. This campaign is not about Bernie Sanders. It is not about Hillary Clinton. It is not about Jeb Bush or anyone else. This campaign is about the needs of the American people, and the ideas and proposals that effectively address those needs.

As someone who has never run a negative political ad in my life, my campaign will not be driven by political gossip or reckless personal attacks. This is what the American people want and deserve. These are serious times, we need serious debates. Politics in a democratic society should not be treated as if it were a baseball game, a game show or a soap opera. And I hope the media understands that as well…

이건 명확히 합시다. 이 캠페인은 버니 샌더스에 관한 게 아닙니다. 힐러리 클린턴에 관한 것도 아닙니다. 젭 부시나 다른 누구에 관한 것도 아닙니다. 이 캠페인은 미국 시민의 요구에 관한 것이며, 그걸 제대로 다룰 아이디어와 제안에 관한 겁니다. 네거티브 선거 전략을 평생 써본 적 없는 사람으로서, 제 캠페인은 정치 가십이나 무책임한 인신공격에 휩쓸리지 않을 겁니다. 그게 바로 미국 시민이 원하는 바이자 당연한 권리입니다. 지금은 아주 중대한 시기인 만큼, 우리는 진지한 논의가 필요합니다. 민주주의 사회의 정치는 야구 경기나 퀴즈쇼, 연속극처럼 다뤄져서는 안 됩니다. 언론이 그 점을 이해했기를 바랍니다.

⚠️ 문장별 주의사항

1. Let's be clear.

2. This campaign is <u>not</u> / about Bernie Sanders.
    이 캠페인의 주인공은 내가(버니 샌더스) 아니라는 강조문입니다. 그러니까 not 을
    특히 강조해서 읽으면 효과적이겠죠.

3. It is not about Hillary Clinton.

4. It is not about Jeb Bush / or anyone else.
    말하고자 하는 바를 효과적으로 표현하려면 끊어 읽는 게 중요합니다. 버니 샌더
    스 본인도, 힐러리 클린턴도, 젭 부시도 주인공이 아니라고 강조하는 거니까 'or
    anyone else(다른 누구도 아니다)'를 끊어 읽으면 좋겠죠.

5. This campaign / is about the needs of the American
    people, / and the ideas and proposals / that effectively
    <u>address</u> those needs.
    한 단어인데 쓰임새에 따라 강세 위치가 바뀌는 까다로운 단어, address 입니다. 여
    기서는 동사로 쓰여서 /uh-DRES/로 강세가 뒤에 오게 됩니다(133페이지 참조).

6. As someone / who has never run / a negative political
    ad in my life, / my campaign will not be driven by
    political <u>gossip</u> or reckless personal attacks.
    우리말로는 '가쉽'으로 발음하니까 sh 발음으로 착각하기 쉽습니다. 하지만 '쉬'가
    아니라 '씨'에 가까운 발음입니다. '가씹'처럼요(82페이지 참조).

7. This is what the American people want and deserve.
    알파벳 s와 z는 같은 계열이라고 설명했는데요, 여기서도 s라고 썼지만
    /dih-ZURV(디저브)/로 발음합니다(128페이지 참조).

8. These are serious times, / we need serious debates.

9. Politics in a democratic society / should not be <u>treated</u> /
    as if it were a baseball game, / a game show / or a soap
    opera.
    98페이지에서 언급한 과거형의 '-ed'가 묵음이 아닌 예외 동사가 여기 나왔네요.
    /TREET-id/ 2음절로 읽으면 됩니다.

10. And I hope the media understands that as well.

04

「포브스(Forbes)」 선정
가장 영향력 있는 인물 1위, 시진핑

중국 국가주석 시진핑은 2018년 포브스의 가장 영향력 있는 인물 1위로 선정되었습니다. 중국의 커가는 영향력을 생각하면 놀라운 소식은 아닌데요. 그런데 말이죠. 'Xi Jinping(시진핑)'은 영어로 어떻게 읽을까요?

생각해보면 우리는 중국 이름을 영어로 읽는 연습을 할 기회가 잘 없습니다. 외국 이름이라고 해봐야 영미권 인물들 - 오바마나 트럼프 같은 친숙한 인물들 - 만 익숙하거든요*. 시진핑의 'Xi'를 어떻게 읽는지, 한 번 연습해볼까요?

---

* 예를 들어 독일 총리 앙겔라 메르켈Merkel의 영어 발음은 '메르켈'아 아닌 '멀클'인 것도 익숙하지 않은 분들이 많습니다.

#1 Xi Jinping (General Secretary, Communist Party, China)
- The leader of the world's most populated country and second largest economy, Xi Jinping holds a firm grasp on China's only political party.
- In March, China's parliament amended its constitution, broadening Xi's power and scrapping term limits.
- After ascending to the presidency in 2012, Xi was quick to see the benefits of privatization-friendly reform.
- He is widely credited with the slogan Chinese Dream - a set of personal and national ideals for the advancement of Chinese society.
- He has a surprisingly assertive public profile, even allowing the state media to publish a day-in-the-life account of his workday.

#1 시진핑(중국 공산당 총서기)
- 세계에서 가장 인구수 많은 국가이자 두 번째로 경제 규모가 큰 국가의 지도자인 시진핑은 중국의 유일한 정치 정당을 장악하고 있음
- 지난 3월, 중국 의회는 개헌을 실행하여 시진핑의 권력을 더하고 임기 제한을 삭제함
- 2012년 국가 통치자로 등극한 직후, 시진핑은 민영화에 호의적인 개혁에 긍정적인 입장을 보임
- 그는 "Chinese Dream(중국몽)"이라는 구호 - 중국 사회의 발전을 위한 개인과 국가 차원의 목표들 - 로 널리 알려져 있음
- 그는 의외로 적극적인 공개 행보를 하며 심지어 국영 언론을 통해 집무 중 일상 생활을 공개하기도 함

❗ 문장별 주의사항

1. Xi Jinping (General Secretary, Communist Party, China)
   알파벳 x는 sh로 발음하기 때문에, 실제로는 'Shi Jinping'처럼 읽습니다.

2. The leader / of the world's most populated country /
   and second largest economy, / Xi Jinping holds a firm
   grasp / on China's only political party.
   'World' 발음 한 가지 팁은, 최대한 혀끝을 목젖에 가깝게 당기는 겁니다. 혀를 굴려
   서 '월'까지 발음했을 때, 거기서 잠깐 멈춰서 혀끝을 숟가락 말듯이 조금만 더 당기
   면 훨씬 r 다운 발음이 나옵니다.

3. In March, China's parliament amended its constitution,
   / broadening Xi's power / and scrapping term limits.
   Parliament /PAHR-luh-muhnt/ 같은 이름 담배 브랜드를 '필라멘트' '팔리아멘트'
   처럼 잘못 읽기도 하는데 실제 발음은 '팔러먼트'입니다.

4. After ascending / to the presidency / in 2012, / Xi was
   연도는 전체를 다 읽거나, 회화에서는 두자리씩 떼어 읽기도 합니다. 'Two
   thousand twelve' 또는 'Twenty twelve'라는 식으로요.

   quick to see / the benefits of privatization-friendly reform.
   'privatization-friendly(민영화에 우호적인)'은 하나의 형용사로 묶인 셈이라, 한 호
   흡에 읽어야 합니다.

5. He is widely credited with the slogan / Chinese Dream -
   a set of personal and national <u>ideals</u> / for the
   advancement of Chinese society.

   '-deal'을 그냥 '딜'로 읽기보다, 네이티브 발음처럼 '디-얼(dee-uhl)'처럼 읽어보세
   요(122페이지 참조).

6. He has a <u>surprisingly assertive</u> public profile, / even
   allowing the state media / to publish a day-in-the-life
   account / of his workday.

   'surprisingly assertive(의외로, 놀랍도록 적극적인)'는 의미상 붙여 읽어야겠죠?
   실제 음의 높낮이도 surprisingly(↗) assertive(↘)로 한 단어처럼 읽습니다.

자료 출처: 노스페이스 홈페이지 https://www.thenorthface.com/about-us/responsibility/product/down-standard.html

05
노스페이스,
그들의 구스다운 기준은?

🎙 　한국의 추운 겨울을 나려면 이제 필수가 된 롱패딩, 그 안에 들어가는 '다운Down'에도 기준이 있다는 걸 알고 계셨나요?

'다운'은 보통 오리나 거위의 깃털 - 정확히는 솜털 - 을 뜻합니다. 그런데 살아 있는 새의 몸에서 고통을 주며 깃털을 뽑는 건 비윤리적입니다. 그래서 윤리적이고 책임감 있는 깃털 공급 기준이 마련되었다고 하는데요. 영어로는 'Responsible Down Standard(책임감 있는 다운의 기준)'를 약자로 줄여서 RDS 인증이라고 한다네요.

세계 최초로 RDS 인증을 시작했다는 브랜드, 노스페이스의 소개 글을 읽어보겠습니다.

Responsible Down Standard

We are committed to improving animal welfare and traceability in our goose down and feather supply chain. We use down in our outerwear, sleeping bags, footwear, and accessories because of its superior insulating properties and warmth-to-weight ratio. In 2014 we launched the Responsible Down Standard (RDS) in partnership with Textile Exchange and Control Union Certifications. The RDS ensures that our down does not come from animals that have been subjected to any unnecessary harm, such as force-feeding or live-plucking, provides traceability in our supply chain, and helps validate and track the down used in our products from farm to finished garment. We started using RDS-certified down in our products in Fall 2015 and since Fall 2016 we have only purchased RDS-certified down. All of our down products are certified to the RDS.

책임 있는 다운 기준

우리는 구스 다운과 깃털 공급망에 있어서 동물 복지 개선과 추적 가능성을 중요하게 여깁니다. 우리가 다운을 외투, 침낭, 신발 및 기타 제품에 사용하는 이유는 다운의 우월한 보온 기능과 무게 대비 보온성 때문입니다. 2014년, 우리는 책임 있는 다운 기준을 Textile Exchange와 Control Union Certifications와 파트너십을 통해 런칭하였습니다. 책임 있는 다운 기준은 우리의 다운이 강제 급식이나 살아있는 상태에서의 우모 채취 등 과도한 고통에 노출되지 않은 동물들로부터 얻어지는지 확인하고, 우리 공급망의 추적 가능성을 제공하며, 또한 농장에서 완제품까지 우리 제품에 사용된 다운을 확인하고 그 경로를 추적하는 데 도움을 줍니다.

우리는 책임 있는 다운 기준을 2015년 가을부터 사용하기 시작했고, 2016년 가을부터는 인증받은 다운만 공급받고 있습니다. 우리의 모든 다운 제품은 책임 있는 다운 기준의 인증을 받았습니다.

⚠ 문장별 주의사항

1. We are committed / to improving animal welfare / and traceability / in our goose down and feather supply chain.

   Traceability /TREY-suh-buhl-i-tee/: 'Trace (추적하다) + ability (능력)'의 합성어입니다. 그러니까 발음은 '트레이써벌리티'처럼 해, '트라씨아벌리티'라고 하면 안됩니다.

2. We use down / in our outerwear, sleeping bags, footwear, and accessories because of its superior insulating properties and warmth-to-weight ratio.

   Put down, sit down 처럼 전치사로서의 'down'에 익숙하다보니 'use down'을 동사구처럼 붙여 읽는 실수를 하게 됩니다. 하지만 여기서는 명사 '다운 깃털'을 말하는 거니까, use 와 down은 확실히 떼어서 발음하도록 합니다.

3. In 2014 we launched the Responsible Down Standard (RDS) in partnership with [Textile Exchange and Control Union Certifications].

   The의 평소 발음은 '더' 지만, 바로 뒤에 모음이 오면 '디'로 발음이 바뀝니다('디 애플(the apple)'처럼). 그런데 여기에 주의할 점이 있습니다. 예를 들어 r로 시작하는 단어 앞에서는 '더'로 발음하다가도 r이 약자인 경우('RDS'처럼)에는 실제 첫 발음이 '알(ahr)', 즉, 모음이라고 해서 the 발음이 '디'로 바뀌게 됩니다. 신기하죠?

4. <u>The RDS</u> ensures / that our down does not come from

바로 전 문장에서 설명한대로, 여기서는 '디 알디에스'로 발음해야 맞습니다. '더 알디에스'가 아니라요.

animals that have been subjected to any unnecessary harm, such as force-feeding or live-plucking, / provides traceability in our supply chain, / and helps validate and track the down used in our products from farm to finished garment.

전체 문장 구조를 잠깐 볼까요? 주어는 The RDS이고, 이런 RDS기준이 하는 역할 세 가지가 동사로 나열되어 있습니다. 학대받지 않은 동물에게서 채취한 걸 확인하고(ensures), 공급 체인 내 추적성을 제공하고(provides), 제품 전 과정을 추적하고 확인할 수 있도록 도와준(help)다는 거죠. 요렇게 동사 세 개를 기준으로 끊어 읽어야 합니다.

5. We started using RDS-certified down in our products in Fall 2015 and since Fall 2016 we have only purchased RDS-certified down.

연도를 읽는 데는 두 가지 방법이 있죠. 전체를 숫자처럼 읽거나, 두 자리씩 끊어 읽는 방법입니다(161페이지 참조).

6. <u>All</u> of our down products / are certified to the RDS.

노스페이스 입장에서는 '모든' 제품이 RDS 인증받았다고 자랑하고 싶겠죠? 그러니까 문장을 읽을 때도 'All'을 강조해서 읽습니다.

06

「나에게는 꿈이 있습니다」: 마틴 루터 킹 jr. 명연설 읽기

미국의 인권운동가, 마틴 루터 킹 주니어Martin Luther King Jr. 은 흑인들의 동등한 권리를 주장하며 아주 유명한 연설인 「I have a dream(나에게는 꿈이 있습니다)」라는 연설을 한 바 있습니다. 1963년 8월 28일, 워싱턴 DC의 링컨 기념관 앞에 모인 25만여 시민 앞이었습니다.

유튜브에는 당시 연설 영상이 있는데요, 듣다 보면 울컥하는 기분이 들기도 합니다. 연설문에 배어 있는 절절한 희망과 열기가 고스란히 느껴진 달까요. 수많은 대중 앞에서 한 연설인 만큼, 호소력 있게 메시지가 잘 전달되는 연설의 대표적인 사례입니다.

실제 그의 꿈이 무엇인지, 당시 미국 흑인들의 꿈이 무엇이었는지 그의 연설에서 가장 유명한 'I have a dream' 이 반복되는 부분을 우렁찬 목소리로 따라 읽어 볼까요?*

---

* 문장에서 쉬어 가는 부분은 마틴 루터 킹 목사가 끊어 읽는 호흡에 최대한 가깝게 표시했습니다.

⏰ 읽는 데 걸리는 시간: 천천히 연습할 때 1분 20초, 익숙해진 다음엔 1분

"I Have a Dream…"

I have a dream that one day this nation will rise up and live out the true meaning of its creed: "We hold these truths to be self-evident, that all men are created equal.

I have a dream that one day on the red hills of Georgia, the sons of former slaves and the sons of former slave owners will be able to sit down together at the table of brotherhood.

I have a dream that one day even the state of Mississippi, a state sweltering with the heat of injustice, sweltering with the heat of oppression, will be transformed into an oasis of freedom and justice.

I have a dream that my four little children will one day live in a nation where they will not be judged by the color of their skin but by the content of their character.

"나에게는 꿈이 있습니다…"

나에게는 꿈이 있습니다. 언젠가 이 나라가 모든 인간은 평등하게 태어났다는 것을 자명한 진실로 받아들이고, 그 진정한 의미를 신조로 살아가게 되는 날이 오리라는 꿈입니다.

언젠가는 조지아의 붉은 언덕 위에 예전에 노예였던 부모의 자식과 그 노예의 주인이었던 부모의 자식들이 형제애의 식탁에 함께 둘러앉는 날이 오리라는 꿈입니다.

언젠가는 불의와 억압의 열기에 신음하던 저 황폐한 미시시피 주가 자유와 평등의 오아시스가 될 것이라는 꿈입니다.

나의 네 자녀들이 피부색이 아니라 인격에 따라 평가받는 그런 나라에 살게 되는 날이 오리라는 꿈입니다.

1. **I have a dream** / that one day / this nation will rise up /

   이 연설이 모두의 기억에 강렬하게 남은 이유는, 반복되는 "I have a dream" 문구 때문일 겁니다. 그러니 문장을 시작하며 강하게 끊어 읽는 게 좋습니다.

   and live out the true meaning of its creed: / "We hold these <u>truths</u> to be self-evident, / that all men are created equal.*"

   /th/발음 뒤에 오는 /s/는 이빨 사이에 낀 혀끝을 뒤로 빼면서 최대한 /s/ 또는 /z/에 가깝게 발음하는 수밖에 없습니다. 조금 까다롭죠.

2. I have a dream / that one day on the red <u>hills</u> of Georgia, / the sons of former slaves and the sons of former slave owners / will be able to sit down together at the table of brotherhood.

   hill (언덕)과 heel (발꿈치)는 단음과 장음으로, 구분해서 발음하는 것이 중요합니다(110페이지 참조).

---

*   미국 독립선언문(1776)에 나오는 구절입니다. "우리는 다음과 같은 것들을 자명한 진리로 믿는 바, 즉 모든 사람은 평등하게 창조된다는 것(…)"을 인용하고 있습니다.

3. I have a dream / that one day / even the state of Mississippi,

'심지어'라는 뜻으로 even을 쓴 만큼, 읽을 때는 even에 강세를 실어서 읽어야 합니다.

/ a state sweltering with the heat of injustice, / sweltering with the heat of oppression, / will be transformed into an <u>oasis</u> of freedom and justice.

언제나 '오아시스'로 발음했던 이 단어는 사실 /oh-EY-sis(오에이시스)/로 발음되니 주의하세요.

4. I have a dream / that my four little children / will one day live in a nation / where they will not be judged by the color of their skin / but by the <u>content</u> of their character.

'속에 든 인격'을 표현하는 content (내용물)은 여기서 처럼 명사일 때는 앞 음절에 강세가 오지만, 형용사로 '~에 만족하다'는 의미로 쓰일 때는 뒤 음절에 강세가 찍히니 주의하세요. 여기서는 /KON-tent/로 읽습니다.

자료 출처: https://climate.nasa.gov/effects/

07

NASA가 설명하는
지구의 기후 변화

🎤 　공기관 홈페이지는 대체로 고리타분하고 재미없는 내용으로만 채워져 있곤 한데요. 의외로 미국 항공우주국NASA의 홈페이지는 재미있는 내용이 많습니다. 오늘 소개할 내용은 NASA 홈페이지 중 '기후 변화'에 관한 내용입니다.

　딱딱하고 어려운 내용이 아니라, 기후 변화가 무엇이고 왜 일어나는지, 궁금증을 풀러 들어온 초등학생도 잘 이해할 수 있도록 간단하고 재미있는 설명이 눈에 띕니다. 영어로 글을 쓴다면, 딱 이렇게 쓰는 게 좋다는 생각이 드네요. 우리나라와 다른 화씨Fahrenheit 단위 같은 몇몇 단어만 주의하면서 읽어봅니다.

The Effects of Climate Change

Global climate change has already had observable effects on the environment. Glaciers have shrunk, ice on rivers and lakes is breaking up earlier, plant and animal ranges have shifted and trees are flowering sooner.

Effects that scientists had predicted in the past would result from global climate change are now occurring: loss of sea ice, accelerated sea level rise and longer, more intense heat waves.

A Degree of Difference

So, the Earth's average temperature has increased about 2 degrees Fahrenheit during the 20th century. What's the big deal?

Two degrees may sound like a small amount, but it's an unusual event in our planet's recent history. Earth's climate record, preserved in tree rings, ice cores, and coral reefs, shows that the global average temperature is stable over long periods of time. Furthermore, small changes in temperature correspond to enormous changes in the environment.

For example, at the end of the last ice age, when the Northeast United States was covered by more than 3,000 feet of ice, average temperatures were only 5 to 9 degrees cooler than today.

기후 변화의 영향

전 세계적인 기후 변화는 이미 환경에 눈에 띄는 영향을 미치기 시작했습니다. 빙하는 줄어들었고, 강이나 호수의 얼음도 더 일찍 녹기 시작했으며 식물과 동물의 서식처가 변했고 나무의 개화 시기도 빨라졌습니다.

과학자들이 과거 전 세계적인 기후 변화의 결과로 예견했던 영향 - 해빙의 감소, 가속하는 해수면 상승 속도와 더욱더 길고 혹독해진 폭염 등 - 이 실제로 일어나고 있습니다.

차이를 만드는 정도

자, 그럼 지구의 평균 기온이 20세기 들어 화씨 2도 정도 상승했다고 합니다. 그게 큰일일까요?

화씨 2도라는 건 미미한 수준으로 보일지 몰라도, 우리 지구의 최근 역사를 보면 흔치 않은 사건입니다. 지구의 기후 기록에 따르면 - 나무의 나이테나 빙하의 중심부, 산호초 등 - 지구의 평균 기온은 오랜 기간 동안 일정했습니다. 게다가 기온의 작은 변화도 환경에는 어마어마한 변화를 불러일으킵니다.

예를 들면, 빙하기 끝 무렵 미국 북동부가 3,000피트 두께 얼음으로 덮여 있었을 때 지구의 평균 온도는 지금과 비교해서 고작 화씨 5도에서 9도 정도 낮은 수준이었습니다.

🔔 문장별 주의사항

1. **The Effects of Climate Change: / Global climate change / has already had observable effects / on the environment.**

   음절 기준으로 하면 딱 1음절이기 때문에 '체-인-지'처럼 늘여 읽지 않도록 주의합니다

2. <u>Glaciers</u> have shrunk, / ice on rivers and lakes is

/GLEY-sher/로 발음합니다. 알파벳 c 가 'sh'로 발음되는 예외적인 경우입니다.

breaking up earlier, / plant and animal ranges have

<u>shifted</u> / and trees are flowering sooner.

'shift'와 '-ed'가 각각 1음절, 총 2음절입니다.

3. Effects that scientists had <u>predicted</u> in the past would

/pre-DIKT/처럼 뒤에 강세를 둡니다.

result from global climate change / <u>are now occurring</u>: /

loss of sea ice, / accelerated sea level rise / and longer,

more intense heat waves.

4. A Degree of Difference: So, / the <u>Earth's</u> average

Th 뒤에 s 가 온다고 해서 무서워하지 않아도 됩니다. '뜨(th)'와 '쓰(s)'를 합쳐서, '쯔
(ths)'처럼 뭉개서 발음해도 상대방은 충분히 알아듣습니다. 굳이 '얼뜨스'로 나눠
읽지 않아도 됩니다.

temperature / has increased about 2 degrees <u>Fahrenheit</u> /

during the 20th century.

Fahrenheit /FAR-uhn-hahyt/ 우리가 익숙한 섭씨온도(Celcius) 대신 미국에서 사
용하는 화씨온도를 뜻합니다.

5. What's the big deal?

6. Two degrees may sound / like a small amount, / but it's an unusual event / in our planet's recent history.

7. Earth's climate <u>record</u>, / preserved in tree rings, ice cores, and coral reefs, / shows that the global average temperature is stable over long periods of time.
여기서 record는 동사가 아니라 명사, '기록'이라는 뜻으로 쓰였습니다. 따라서 강세는 앞에 오게 됩니다(133페이지 참조).

8. <u>Furthermore</u>, / small changes in temperature / correspond to enormous changes in the environment.
문장의 흐름을 바꿔주는 furthermore ('심지어') 접속사는 끊어 읽는 게 좋습니다. 그래야 듣는 사람이 '문장 흐름이 변하는구나' 쉽게 눈치챌 수 있죠.

9. <u>For example</u>, / at the end of the last ice age, / when the
앞서 furthermore 와 마찬가지로, for example ('예를 들어')는 한 호흡 띄워서 읽는 게 좋습니다.
Northeast United States was covered / by more than 3,000 feet of ice, / <u>average</u> temperatures were only 5 to 9 degrees cooler / than today.
한국인들이 무척 어려워하는 average /AV-rij/는 2음절입니다. 'Av'에 강세를 둬서 발음하고, /-rij(맂)/를 한음절로 발음해야 합니다. '애버리지' 네 음절이 아니라요.

에 필 로 그

우리는 이미 늦어버린 걸까요?

과연 영어는 언제 배워야 하는 걸까요. 영어로 고민하는 대부분이 학교 다닐 때나 취직 준비할 때 영어 공부를 열심히 하지 않았다며 자책하곤 합니다. 토플 공부를 더 열심히 해야 했는데, 누구처럼 어학연수라도 다녀왔으면 달랐을 텐데.

하지만 여러분은 늦지 않았습니다. 왜냐면, 아직 '닥치지' 않았으니까요.

사람은 보통 '닥치면' 어떻게든 한다고 합니다. 당장 캐나다에 이민을 갔다면, 당장 애인이 외국인이라면, 손짓발짓을 섞어서라도 영어를 하게 됩니다. 물에 빠졌으면 당장 개헤엄이라도 치는 게 당연합니다. 바닷물에 빠졌는데 그 와중에 수영 방법에 대해 고민하지는 않죠.

반대로 뒤집어 말하면, 여러분은 아직 영어를 써야만 하는 상황이 아직 닥치지 않았는데도 미리 지혜롭게 예습을 하는 거라고 볼 수 있습니다. 우리 공부가 늦은 게 아니라, 빠른 셈이죠.

영어를 왜 공부하려고 하는지 물으면, 열에 아홉은 이런 꿈을 이야기합니다.

> 외국인을 (미래에) 만나게 되면 말을 유창하게 하고 싶어서.
> 언젠가 (미래에) 외국에서 살고 싶어서.
> 실력을 닦아서 (미래에) 해외 취업 기회를 잡고 싶어서. 아니면, 지금보다 몸값을 높여서 (미래에는) 좀 더 인정받으면서 회사 생활을 하고 싶어서.

그러니까 저런 상황을 대비해서, 저런 상황을 목표 삼아서 여러분은 '미리' 공부를 하는 겁니다. 늦은 게 아니란 말입니다. 나중에 있을 더 큰 기회를 잡기 위해 선행 학습을 하려는 겁니다. 그러니까 자기 자신에게 칭찬을 해주세요. 나 정말 열심히 살려고 노력하는구나, 나는 미래를 위해 노력하는 대단한 사람이구나, 하고 토닥토닥해주세요. 이미 늦었다는 생각, 남들보다 늦었다는 생각은 깔끔하게 잊어버렸으면 합니다.

남의 뒤를 따라간다고 생각하니까 더욱더 버겁게 느껴지는 것일 뿐, 내 미래를 위해서 한발 앞서 예습한다고 생각하면 영어 스트레스를 내려놓을 수 있습니다. 위축되지 말고, 조바심내지 말고 반가운 마음으로 영어 공부를 해나갔으면 합니다. 늦지 않았으니까요.

영어 공부 방법을 추천합니다

여러분의 영어 발음은 이 책이 책임진다고 해도, 그다음에 스피킹이나 리스닝을 더 연습하고 싶다면 뭐가 가장 도움 될까요? 지하철 광고판에는 영어 교재가 넘쳐나고 유튜브 어디서나 영어 스터디나 앱 광고가 수두룩한데 말이죠. 서점에 가도 뭐만 하나 외워라, 뭐만 하면 입이 트인다, 진짜라고 믿고 싶은 약속이 한가득입니다.

뭘 선택해도 좋습니다. 몇 가지 조건만 충족한다면요.

> 조건 #1. 보면 막 신나는 내용이어야 합니다.
> 조건 #2. 새로운 에피소드가 계속 나와야 합니다.
> 조건 #3. 내가 보고 이해한 내용이 맞는지, 검증이 가능해야 합니다.
> 조건 #4. 내가 좀 '아는' 분야여야 합니다.

조건 중 하나둘만 갖춰서는 실패할 가능성이 높습니다. 네 가지 조건에 딱 알맞은 방법을 찾는 게 관건입니다. 모두에게 적용되는 정답이 있는 건 아니고, 사람마다 다르기 때문에 여러분 스스로 찾아내야 합니다.

생각해보면 위 조건을 다 갖춘, 여러분 거의 모두에게 효과적인 방법이 하나 떠오르는데요. 가성비가 '갑'인 이것, 바로 '연애'입니다, 하하. 상대를 보기만 해도 신나고(조건 #1), 만날수록 새로운 경험이 생기고 정보가 쌓이죠(조건 #2). 내가 영어로 말한 걸 상대가 알아듣는지, 서로 반응을 확인할 수 있으니 실시간 검증도 쉽습니다(조건 #3). 상대가 누군지도 알고 있으니 맨땅에 헤딩이 아닌, 내가 '전문'인 분야라서(조건 #4) 갈수록 신나서 가속도가 붙는 건 당연하고요.

반면에 여러분이 많이 선택하곤 하는 BBC News 같은 영어 뉴스 방송을 생각해볼까요?

BBC News에서 영국의 Brexit 뉴스가 나왔다고 가정하겠습니다. 뉴스를 보면 막 신이 날까요? 음…… 조건 #1에서부터 막히겠네요. 새로운 정보가 계속 주어지는 건 맞지만(조건 #2), 내가 제대로 이해했는지 앵커와 대화를 할 수도 없습니다. 방송 스크립트가 제공된다면 그게 약간의 보완책이 될 수는 있겠지만요. 게다가 내가 잘 모르는 해외 뉴스를 다루다 보니, 이해하기 어려운 경우가 많습니다. 조건 #3과 #4 둘 다 미흡합니다.

반대로, 이런 경우는 어떨까요? 영어로 중계되는 스포츠 방송입니다. 저는 이종격투기 UFC를 굉장히 좋아해서 주말마다 챙겨봅니다. 조건을 다 충족하는 취미죠. 보면 막 신나는 건 당연하고요(조건 #1), 한 달에 두세 번씩 경기가 있으니 새로운 에피소드 주기도 적절합니다(조건 #2). 해설자의 영어 설명을 내가 제대로 이해했는지는 화면상 선수들의 움직임과 대조하면 금방 검증 가능합니다(조건 #3). 여기저기서 배운 주짓수 정보를 조합하면 제가 얼추 아는 분야이기도 하고요(조건 #4). BBC News로 공부하는 것보다 훨씬 저한테 잘 맞는 방법이겠죠.

그럼, 제가 시도했다가 실패한 공부법도 예를 들어 보겠습니다.

첫째, 금융권에 근무하면서 금융 관련 영어 뉴스로 영어 공부하기. 실패한 원인은 짐작하기 어렵지 않으시겠죠? 하루 종일 일터에서 일을 하고, 집에 와서 또 일에 관련한 뉴스를 보자니 너무 지루하더라고요. 조건 #1에서 그야말로 '광탈'이었습니다.

둘째, 영화로 공부하기. 한두 번 캡션을 켜놓고 영화를 볼 때까지는 재미있었습니다. 그런데 어느 순간, '다음 영화 뭐 보지?'가 고민이 되기 시작했습니다. 결국 점차 뜸해지고 말았죠. 저는 할리우드 블록버스터를 좋아하는데, 그런 영화가 매주 개봉하는 게 아니니까요. 결국 조건 #2에서 막히고 말았습니다.

이런 식으로 조건을 따져가며 공부법을 찾아가야 합니다. 여러분에게 맞는 공부법은 분명 있습니다. 단지 광고에서 외치는 것처럼 누구에게나 맞는, '딱 이것만 하면 되는'식의 해결책이 없을 뿐이죠. 각자 관심사를 생각해보고, 조건을 하나씩 짚어가며 골라보세요. 나한테 맞는 공부법을 찾으면 그걸로 리스닝도 하고 말을 따라해보며 스피킹 연습을 해보는 거죠. 실력이 금방 느는 걸 느낄 수 있습니다.

〈나에게 맞는 영어 공부법 찾기 - 예시〉

	영어 금융 뉴스	Meetup 오프라인 미팅	미드 'Billions'	종합격투기 UFC
조건 #1. 보면 막 신이 나는지	X	O	O	O
조건 #2. 새로운 에피소드 주기	O	△	O	O
조건 #3. 검증이 가능한지	△	O	O	O
조건 #4. 내가 '아는' 분야인지	O	△	O	O
결과	일 관련 내용으로 공부까지 하자니 지겨워서 결국 실패.	미팅 참석이 번거롭고 참석자에 따라 내용이 달라져서 흐지부지.	금융 지식이 있으니 더욱 흥미로워서 꾸준히 챙겨 봄. 성공.	꾸준히 챙겨보며 영어 공부, 성공.

일터에서 영어를 해야만 하는 당신에게

"언니, 나는 거기서 일하면서 뭔가 다들 나를 비껴가는 느낌이었어."

해외 근무를 하던 후배가 어느 날 말했습니다. 자기는 대학에서 영어를 공부하고 그래도 영어 공포증은 없다고 생각했는데, 막상 일터에서 현지인들 사이에서 영어로 대화하자니 언제나 대화의 중

심에는 끼어들기 힘들었다고 합니다.

일터에서 영어를 해야 할 때, 그 스트레스로 굉장히 힘들어하는 경우를 보기도 합니다. 일터에서 영어는 말하자면 '생존 영어'라서, 정말 과감하게, 어그레시브하게 연습해야 합니다. 전쟁인 셈이죠. 살아남아야 하니까요.

당장 일터에서 영어를 해야 하고, 실력을 빨리 키워야 하는 여러분께는 속성 공부 팁 두 가지를 드립니다. 더는 영어 때문에 발목 잡힌다는 느낌을 받지 않도록, 더는 대화에서 비껴가는 느낌이 들지 않도록 건투를 빕니다.

#팁1. 말하기 실력 키우기

말하기는 무조건 연습이 답이지만, 정작 업무상 말하기 능력을 키우려면 어디부터 시작할지 고민하는 경우가 많습니다. 일하느라 바쁜 와중에 옆자리 동료를 붙잡고 영어 연습을 하기도 마땅치 않고, 영어 학원이나 앱을 찾아봐도 정작 관련 분야에 대한 주제로 말하는 연습이 쉽지 않습니다.

이럴 땐, 동종 업계나 관심 분야 회사의 해외 홈페이지 또는 영문 게시자료에서부터 시작하면 좋습니다.

각 회사들은 보통 회사 소개글이나 사업보고서, 실적자료, 시장 조사 자료 등을 홈페이지에 올립니다. 규모가 큰 회사인 경우 완성도 높은 영문 자료를 정기적으로 업로드합니다. 해외 투자자에게 필요한 정보를 알리는 목적의 기업활동Investor Relations; IR 페이지를 따로 운영하는 경우, 특히 여기에 올라온 자료를 보면 업계에서 자주 쓰는 용어는 물론이고 표준 비즈니스 영어 표현을 참고할 수 있습니다.

자료를 보면서 말하기 실력을 키우려면 딕테이션Dictation 기능을 사용해서 소리 내 읽는 연습을 꾸준히 하면 됩니다. 이해가 가지 않는 문장이나, '이걸 왜 이렇게 표현했지?' 궁금하면 한글로 된 자료를 비교해가며 읽고 공부하면 됩니다. 비즈니스 수준의 표현과 문장 구성 실력을 익히고, 관련 분야 용어와 친숙해지는 데 효과적입니다.

#팁2. 글쓰기 실력 키우기

직장인은 대부분 영어로 이메일을 쓸 때, 한국어로 먼저 작성한 다음 영어로 바꿔 쓰곤 합니다. 한국어로 작성한 뒤 영어로 번역할 때의 결정적인 문제점은 문장이 길어진다는 겁니다. 보통 어떤 표현이 맞을지 고민을 계속하다가, 군더더기 설명을 덧붙이곤 합니다. 그러다 보면 결국 이메일이 장황하고 앞뒤가 맞지 않는 내용이 되기 쉽습니다.

내가 쓴 영어 이메일이 길이는 길지만 내용 표현이 명확하지 않다면, 피드백을 통해 좀 더 간결하게 쓰는 법을 익혀야 합니다. 말하자면 한번은 검증을 거쳐야 한다는 거죠. 하지만 이메일을 검사하고 피드백을 줄 상사나 동료가 없다면, 구글 번역기Google Translate 나 네이버 파파고Papago 같은 번역기가 요긴합니다. 내가 쓴 이메일을 번역기에 돌려서 한국어로 읽어보는 거죠.

처음 작성했던 한글 이메일과, 영어로 옮겨 쓴 이메일의 번역본이 '사뭇 다른' 이메일이라면 애초에 영어 작문 단계에서 불필요한 단어가 이것저것 더해졌기 때문일 가능성이 높습니다. 번역본과 원래 한글 이메일을 대조해보면서, 가장 내용이 달라진 부분을 중점적으로 수정하는 연습을 해야 합니다. 더욱더 간결하게 작성하는 연습도 하고요. 이렇게 꾸준히 연습하다 보면 '네이티브가 알아듣기 쉬운' 간결하고 명확하게 표현하는 글쓰기 실력을 늘릴 수 있습니다.

나 가 는 글

'발음을 분명 더 쉽게 배울 방법이 있을 텐데' 고민을 품은 지 몇 년 만에 드디어 책을 펴내게 되었습니다. 저의 학생들과 아이디어를 함께 고민하고 보충해준 지인들, 출판까지 이끌어 주신 여러분들 덕분입니다.

스마트폰의 특정 기능을 활용해서 영어를 공부한다는 컨셉은 사실 새롭지 않습니다. 수없이 많은 어플리케이션이 존재하는 게 사실입니다. 그럼에도 이 책을 고집스레 만든 데에는 저를 비롯한 대부분이 겪는 일종의 한계, 그러니까 '막상 하려고 해도 꾸준히 하기 쉽지 않은' 공부의 어려움을 조금이라도 줄이고 싶다는 욕심이 있었습니다.

이 책을 계기로 여러분이 영어 공부를 하며 스마트폰을 더 많이 활용하게 되기를 바랍니다. 혼자서도, 따로 돈 들이지 않고, 언제든

생생한 피드백을 받을 수 있다는 점이 여러분을 시리나 빅스비, 구글 앞으로 끌어들이길 기대합니다. 출근 전 샤워하면서 'Hey Siri, what time is it?' 영국에 있는 친구와 카카오톡 하면서 'Hey Siri, how's the weather in London?' 묻는 게 일상화된 저처럼 말이죠.

아, 그리고 이 책만이 전부가 아닙니다. 음성인식 비서 기능에 익숙해지면, 다른 책을 집어 들어서 연습하는 것도 환영합니다.

좋아하는 책을 받아쓰기Dictation 하듯이 카카오톡 창에서 읽어 내려 보면 어떨까요? 아니면, 저희 언니처럼 조카들의 학교 영어 숙제를 놓고 발음을 익힐 때, 스마트폰으로 아이들 발음을 체크해 주면 좋지 않을까요?

해외여행을 앞두고 음식 주문이나 길 묻기 어려워하시는 부모님께, 간단한 문장 몇몇을 연습하시도록 시리나 빅스비를 켜드리면 좋아하시지 않을까요?

스마트폰을 활용하는 다양한 공부 방법이 앞으로 더 많이 생기기를, 그리고 독자 여러분이 이 책을 발판 삼아 자신감을 얻고, 흥미를 느끼고, 자신만의 독특한 방법을 찾아 재미있게 공부를 이어 나가기를 기대하며 이만 마칩니다. 감사합니다.

저자 김영진

당신, 발음 괜찮은데요?

초판 1쇄 발행 2019년 9월 30일

지은이 김영진
발행처 예미
발행인 박진희

편집 김민
디자인 김민정

출판등록 2018년 5월 10일(제2018-000084호)

주소 경기도 고양시 일산서구 중앙로 1568 하성프라자 601호
전화 031)917-7279   팩스 031)918-3088
전자우편 yemmibooks@naver.com

ISBN 979-11-89877-10-1 (03740)

이 도서의 국립중앙도서관 출판예정도서목록(CIP)은 서지정보유통지원시스템 홈페이지
(http://seoji.nl.go.kr)와 국가자료공동목록시스템(http://www.nl.go.kr/kolisnet)에서
이용하실 수 있습니다. (CIP제어번호 : CIP2019035727)